《经济生活》的"三维"深度学习

于世华　编著

南京师范大学出版社
NANJING NORMAL UNIVERSITY PRESS

图书在版编目(CIP)数据

《经济生活》的"三维"深度学习 / 于世华编著. ——南京:南京师范大学出版社,2016.8
ISBN 978-7-5651-2844-8

Ⅰ.①经… Ⅱ.①于… Ⅲ.①政治课－教学研究－高中 Ⅳ.①G633.202

中国版本图书馆 CIP 数据核字(2016)第 203671 号

书　　名	《经济生活》的"三维"深度学习
编　　著	于世华
责任编辑	刘自然　张岳全
出版发行	南京师范大学出版社
地　　址	江苏省南京市宁海路 122 号(邮编:210097)
电　　话	(025)83598919(总编办)　83598412(营销部)　83598297(邮购部)
网　　址	http://www.njnup.com
电子信箱	nspzbb@163.com
照　　排	南京凯建图文制作有限公司
印　　刷	扬州市文丰印刷制品有限公司
开　　本	787 毫米×960 毫米　1/16
印　　张	11
字　　数	158
版　　次	2016 年 8 月第 1 版　2016 年 8 月第 1 次印刷
书　　号	ISBN 978-7-5651-2844-8
定　　价	28.00 元
出 版 人	彭志斌

南京师大版图书若有印装问题请与销售商调换
版权所有　侵犯必究

◎ 前 言 ◎

知识是最重要的学习课题,在一定意义上,学习也就是知识学习。高中阶段的学生背负着一个无形的压力,那就是必须要面对高考。为此,本书根据江苏省学业水平测试考试说明最新考点进行了编写。考点前面的数字为考点序号,全书共43个考点。A、B、C为考点的能级要求,A为了解,B为理解,C为运用。那么,如何在国家所确定的学科知识中挖掘知识的育人价值,将学科知识转化为同学们的学科素养呢?结合知识的内在结构理论和三维目标理论,笔者以为,知识的挖掘维度应设定在生活经验、理性思维和价值取向这三个维度上。针对高中《经济生活》的知识点的价值维度,本书从三个方面挖掘:一是知识的经验层面上,如何融入生活世界;二是知识的内在思维方法上,如何提升思维能力;三是知识的内在情感层面上,如何领悟人的尊严。为了防止同学们对整个《经济生活》的学习陷入到单一追求经济效益、利润的价值取向,为了帮助同学们树立正确的义利观,笔者将知识的情感层面设定在"领悟人的尊严"这一维度上。比如,知识点"使用价值和价值是商品的两个基本属性"分为三个维度的深度学习。首先,融入生活世界。如,用蔬菜换鸡蛋或十五斤大米换一把石斧等。在学习时可以向学生抛出问题:在什么情况下能实现交换?很显然,答案是:买卖双方需要对方商品的使用价值。其次,提升思维能力。正因为不同商品具有不同的使用价值,能满足人们不同的需求,所以人们才进行交换的。但是使用价值无法比较,十五斤大米=一把石斧,大米与石斧相交换时还有一定的数量关系,能做出数量上的比较,这其中一定有什么相同的东西。这就是凝结在商品中的无差别的人类劳动,从而引出商品的价值概念。第三,领悟人的尊严。妈妈为女儿织的毛衣有没有价值?从经济学角度看没有价值,因为不用于交换,也就不考虑该物品消耗的劳动时间,但是这其中却包含了"情感价值",这是人间亲情。此外,救灾物资、捐赠的东西等都不用于交换,它们都不是商品,也无需谈价值,但其中也有"道德价值",这是人的互助与奉献精神。

一、融入生活世界

将知识融入生活世界就是让知识更好地融入同学们的生活世界,让同学们通过知识能更好地辨别生活现象,使得生活世界能更好地显现,原来不曾进入同学们感官世界的事物或景象现在能进入了。每门学科的知识学习都有这样的功能,比如,市场调节、宏观调控、财政、税收等词汇大家原来经常在电视、网络上看到、听到,但同学们在生活世界里只是充耳未闻、视而不见。通过《经济生活》的知识学习,再听到、看到上述词汇就能入眼入耳,实际上,同学们的生活世界也由此而变得丰富起来。这种知识学习的功能并不是一蹴而就的,也不是到学科教学结束时自然形成的,而是在平时点滴学习中不断积淀的。融入生活世界的知识学习有深有浅,有的能让我们产生学科兴趣,甚至让人萌生终身献身该学科的理想;有的只是蜻蜓点水,让人粗浅地了解。因此,知识学习的第一步就应该将知识很好地融入我们的生活世界。

将知识融入生活世界不是融入知识发现者的生活,而是融入当下我们的生活世界。知识发现者的生活世界已经历史地完成了,牛顿面对苹果落地的惊异、惊喜,不会出现在任何一个稍有常识的现代人身上。当初的知识发现已成为常识安顿着人的心灵,但并不表明人们对常识世界能全面感知。笔者曾向很多接受过高等教育的人问过这样一个问题:地球自西向东自转,如果飞机在空中悬停一段时间,再落下的地方是否应该在遥远的西方?大多数人说不清楚,其实,这就是万有引力,地球能带着月球一起走,一个飞机怎么可能"悬停"呢?所以,让知识融入我们的生活世界不是对生活世界的简单回应,而是要找出与知识相关的生活现象中的"盲区",这样的知识学习就有如同知识发现者所有的"惊异"和"惊喜"。

将知识融入生活世界,就是原来在认识中未被我们意识的对象成为可意识到的对象。既可以通过学习新知识呈现新对象来丰富客观世界,也可以通过呈现新对象生成新知识来丰富客观世界,无论新对象还是新知识,都是将知识融入生活世界而产生的新的意义系统。

二、提升思维能力

每一个知识都凝结着它的产生过程,知识产生过程中人们所面临的问题以及解决问题的思维方式也凝结其中,因此,知识的深度学习还可以从这个维度挖掘出知识产生时的社会历史情境。

挖掘知识内在的思维方式是否要求我们重新经历知识发现的过程?如果是这样,那么知识学习是没有意义的,因为它对我们没有产生新的意义。其实,我们无法重复知识的发现过程,挖掘知识内在的思维方式实际上使我们的思想具有了历史的深邃感,扩展了我们的视域。一切从人类自身出发的精神探险必然回到人类的精神世界,知识隐含着人的精神追求,体现着人的尊严。历史上有许多稀奇古怪的货币:太平洋岛民将石头作为货币,二战监狱里军人将香烟作为一般等价物,等等。由此我们发现,货币只是一般等价物而已,在这个意义上,黄金等于石头。人在任何时候,任何场所都能创造货币,是人赋予了货币的神奇。

知识的维度可以沿着社会情境挖掘各种交织着的社会关系,沿着历史情境挖掘历史人物的不同需求导致历史事件中的不同利益冲突。知识自然就蕴含着人们在社会历史情境中解决问题的思维方式和思维过程。

三、领悟人的尊严

面对有限的学科知识,如何将知识学习演绎成富有学生个性的非预先确定的形成性的活动过程?对知识深度学习的维度开发,防止知识教学进入漫延的相对主义,即同学们的什么感受都是好的、正确的,也就是没有原则的体验学习。因此,知识学习必须将我们的经验、主体发展和知识相融合,能用知识解释生活世界的问题,也就是"融入生活世界"的知识学习维度。其次,将知识与其产生的社会背景、主体需求以及不同需求的表达、实现和冲突交织的历史情境联系起来,揭示知识内在的思维方式,这就是"提升思维能力"的知识学习维度。最后,还要将知识的理解与接受再返回到人的精神世界,通过"反求诸己"领悟知识对人的价值意蕴,"领悟人的尊严"的知识学习维度。

比如,我们学习"供求影响价格"时,大家知道"供不应求,价格上涨,供过于求,价格下跌"。但商品背后隐含着人的劳动的尊严,价格不会一直降下去。初夏竹制凉席会涨价,秋末牛皮凉席会跌价,但无论怎么涨跌,牛皮凉席的价格要高出竹制凉席一大截,这是为什么?因为牛皮凉席所用的原材料的价格以及所耗费的人力成本远比竹制凉席高。通过对这个问题的讨论,同学们会领悟到人的劳动的尊严。再如,在学习"价值决定价格"时,让同学们明白,商品的质量越好,价格却不一定越高。生命必需的水、空气、蔬菜、粮食、食盐等价格并不贵,有的是天然的,由此可见,有的情况下生命不受经济规律的制约,自有她的尊严。只要知识学习进入到我们的精神文化层面,知识学习就获得了人类普遍的价值,因为个人获得的意义始终具有主体通性的价值,完全可以将此价值上升到人的尊严,而将知识的意义指向自我的"反求诸己"则是挖掘这一知识价值维度的有效手段。

挖掘"领悟人的尊严"的知识维度,涉及人的道德领域。道德领域的"应该"区别于人的自然存在服从必然的自然法则,人可以做"应该"做的事,也可以不做"应该"做的事,或者做"不应该"做的事,道德领域的自由使人具有了不同于其他任何自然存在的价值和尊严。揭示知识中蕴含的道德要求的"应该",也就领悟了知识中所蕴含的人的尊严。比如,财政具有促进社会公平、改善人民生活的作用。联系现实生活,为什么老百姓有钱不敢花?社会不公平在经济领域表现在哪些方面?老百姓不敢花钱是因为未来生活缺少保障,孩子上学要钱,自己生病要花钱,这两个方面制约了人们生活水平的提高。国家财政应该促进教育公平,完善社会保障体系与基本医疗卫生制度,保障和提高人民的生活水平,这是社会主义国家的道德责任。低收入群体无需向政府乞求,也无需铤而走险干违法犯罪的事,国家财政的道德责任是对低收入群体的人格与尊严的尊重。之所以知识能与人的道德领域联结,是因为知识具有丰富的道德因素,体现着人类的道德理想,具有促进人的精神发展的力量。

目 录

前 言 / 1

A1　商品的基本属性 / 1
A2　货币的本质 / 4
B3　货币的两个基本职能 / 6
A4　信用卡的功能 / 9
A5　外汇和汇率的含义 / 13
C6　树立正确的金钱观 / 18
B7　供求影响价格 / 21
B8　价格与价值的关系 / 24
B9　价值规律的内容及其表现形式 / 27
B10　价格变动对生活消费和生产经营的影响 / 30
A11　影响消费水平的主要因素 / 35
A12　消费类型 / 41
C13　树立正确的消费观 / 44
B14　生产与消费的关系 / 47
A15　我国现阶段公有制主体地位的体现 / 51
A16　我国现阶段非公有制经济的种类 / 56
B17　实行公有制为主体、多种所有制经济共同发展的基本
　　　经济制度的原因和意义 / 60
A18　我国法定的公司形式 / 63
B19　企业经营成功的主要因素 / 67

- ◎ B20　就业是民生之本 / 71
- ◎ C21　树立正确的就业观 / 76
- ◎ A22　我国劳动者依法享有的权利 / 80
- ◎ A23　我国商业银行的主要业务 / 85
- ◎ B24　储蓄存款、股票、债券、商业保险等投资理财方式 / 90
- ◎ A25　按劳分配的基本内容和要求 / 94
- ◎ A26　健全生产要素按贡献参与分配制度的意义 / 98
- ◎ B27　收入分配公平的要求、意义及促进收入分配公平的举措 / 102
- ◎ B28　我国财政的作用 / 106
- ◎ A29　财政收入的来源 / 109
- ◎ A30　税收的含义和基本特征 / 112
- ◎ A31　征收个人所得税的意义 / 114
- ◎ B32　依法纳税是公民的基本义务 / 117
- ◎ B33　市场在资源配置中的决定性作用 / 121
- ◎ B34　规范市场秩序 / 124
- ◎ A35　市场调节的局限性 / 128
- ◎ A36　社会主义市场经济的基本特征 / 130
- ◎ A37　我国宏观调控的主要目标 / 136
- ◎ B38　我国宏观调控的手段 / 139
- ◎ B39　深入贯彻落实科学发展观的要求 / 142
- ◎ C40　加快转变经济发展方式 / 146
- ◎ B41　经济全球化的主要表现及其影响 / 151
- ◎ A42　世界贸易组织的作用、基本原则 / 154
- ◎ B43　全面提高开放型经济水平 / 159

- ◎　　　后　　记 / 164

A1 商品的基本属性

融入生活世界

商品是用于交换的劳动产品

注意区分下列产品中的商品：山泉－"农夫山泉"；空气－医用氧气。同学们都能得出作为商品的两个条件，即劳动产品和用于交换。商品的本质特征是"用于交换"，母亲为女儿织的毛衣，农民自己吃的自种的蔬菜、粮食等，因为不用于交换，所以它们都不是商品。

某年广东香蕉大丰收，香蕉价格剧跌，出售香蕉的价钱还不够收割香蕉的人工成本与运输成本，使得成熟的香蕉烂在蕉园里。这里的香蕉与农民种在自家院子里自己吃的香蕉有什么不同呢？它们同为劳动产品，但却不能都被称为商品。因为蕉园里的香蕉是被用来交换的，而自家院子的香蕉只是用来供自己吃的，并不依靠它来换得货币或其他物品。于是，我们对商品的理解就进入"用于交换"的实质特征。服装厂工人生产的衣服，电视机厂工人生产的电视机，是用于交换的劳动产品，都属于商品。

着眼于道德层面。现实生活中，有些不法分子从事人体器官买卖，国家珍稀动物买卖等，这些都是违法的。首先，它们根本就不具备商品的属性。

其次,也是更为重要的,这种行为是违背人性的,这正是科尔伯格所指的"道德的习俗水平"。因为身体发肤受之父母,是神圣的,人不可以伤害自己,也不可以伤害别人。国家只允许器官捐献,不允许器官买卖。不仅器官,就是人的血液也不可以买卖,我们都能接受献血,而卖血总让我们难以接受,这是因为触动了我们的道德底线。

提升思维能力

使用价值和价值是商品的两个基本属性

用蔬菜换鸡蛋,用十五斤大米换一把石斧,这是生活中物物交换的实例。在什么情况下人们需要交换?对方的产品能满足我的需求,即双方都看重对方商品使用价值的时候,就需要物物交换了。因为不同商品具有不同的使用价值,能满足人们不同的需求,所以人们才会交换,以实现商品的价值。

思考:假冒伪劣产品是商品吗?

不是。比如含有三聚氰胺的毒奶粉。有同学认为,毒奶粉也凝聚着人类劳动,也有使用价值,比如可以作肥料。其实不然,商品的使用价值是指该商品应该具有的正常的使用价值,毒奶粉已不具有其应具有的喂养婴儿的使用价值了,所以毒奶粉不是商品。一言以蔽之,假冒伪劣产品不具有该商品应有的使用价值,因此,假冒伪劣产品也丧失了商品的价值,已经不能称之为商品。

使用价值不同,无法比较,那么,1只绵羊＝2把斧子,其中可以比较的属性是什么呢?

不同商品中相同的只能是人类的抽象劳动,即在生产商品的过程中都消耗了人类的精力、智力。商品的价值就是凝结在商品中的无差别的人类劳动。

领悟人的尊严

人的生命不受经济规律的支配

人类生命的存在与发展是自然界演化的结果,所以,在自然界中天然存在着人类生存所需的物品,这些物品往往是现成的,不需要千辛万苦地寻觅、劳作。真正对人体有滋养作用的物品往往是天然的空气、水源、野生植物、动物等等。在某种意义上,人的生命不受经济规律支配,这是人存在的高明之处,因而,有些物品的使用价值(质量)与价值没有直接的关系,有些时候,那些花费巨大劳动量的物品可能对人类的生命并无多大的好处。比如,转基因产品、核武器等。

价值是商品的本质属性,不是商品,就没有价值。这并不是说该物品没有花费劳动时间,而是不考虑交换成本。妈妈为女儿织的毛衣、救灾物资、捐赠的东西因为不用于交换,所以不用考虑这个产品花费了多少劳动时间。

A2 货币的本质

融入生活世界

一般等价物

有布的人喊:"要棉布的拿米来换!"有米的人喊:"要米的拿茶叶来换!"有茶叶的人喊:"要茶叶的请带马匹来换!"那么,有盐的人怎样才能换到棉布?

如果有马的人需要盐,那么这个有盐的人先换成马,再将马换为茶叶,以茶换米,以米换成自己需要的布。如果有马的人不需要盐,那么这个交换的环节还要扩大,直至所有交换环节能形成一个闭合的"圈"。但是,仔细想一想,这样交换风险太大,万一中间一个环节变化了,比如,以米换茶的人离开了集市或者改变了主意,想换其他商品了,有盐的人就无法换到他需要的布。同样你会发现,拥有盐的人很快就能换到自己想要的东西,因为盐是生活必需品,一日三餐不可缺,而茶叶就不容易进行交换。事实上,人们在交换中逐渐"聪明"起来,人们先用自己的商品换来普遍需要的商品,然后再借此换取自己所需要的。这些普遍需要的商品逐渐演化为一般等价物。那么,历史上又有哪些商品作为"人见人爱"的一般等价物呢? 牛、羊、布匹、烟草、盐等都曾充当过一般等价物。

提升思维能力

货币天然就是金银

历史上在不同地区不同时间出现过许多作为一般等价物的商品。例如：羊，因为不易分割被淘汰了；布匹，因为不易储存被淘汰了。大浪淘沙，它们都随历史而去了。最后，人们把一般等价物固定在金银上。为什么金银能固定充当一般等价物呢？你能理解"金银天然不是货币，货币天然就是金银吗"？

"金银天然不是货币"，因为金银最初出现在市场上也只是一般的普遍商品，只是当商品交换发展到一定历史阶段，当一般等价物都集中到金银上时，金银才成为货布。"货币天然就是金银"，因为金银具备了充当货币的优良特点。这是由金银的自然属性决定的。金银具有体积小，价值大；容易分割，质量均匀；不会腐烂，久藏不坏等优点。

领悟人的尊严

是人赋予货币以神奇性

"二战"期间，国际红十字会向纳粹集中营里的战俘提供一些食品、衣服、香烟等物品。战俘之间进行物品交换或用劳务换取物品的行为经常发生，交换中，香烟逐渐成为大家普遍乐意接受的物品。例如，为他人洗1件衣服可换取2支香烟；擦洗、熨烫军装并临时租借一条裤子，则需12支烟；一张不错的蜡笔肖像要价30支烟；1件衬衣值80支香烟。

从二战监狱里的香烟也能成为一般等价物，到太平洋岛上的石头作为货币，再到历史上各种稀奇古怪的货币，表明货币只是一般等价物而已。在某种程度上，黄金＝石头。人可以在不同时间，不同场所创造出货币，是人赋予货币以神奇性。

B3 货币的两个基本职能

融入生活世界

货币的流通手段就是在买卖过程中所起的媒介作用

货币产生之前,人们拿着鸡蛋直接换回自己需要的大米,即物物交换:W(商品)—W(商品)。货币产生后,人们要换到自己想要的东西,先要给鸡蛋估估价,卖出去,获得货币,然后再用货币去买自己需要的大米。先估价,看值多少钱,这里货币发挥的职能是价值尺度。货币在买卖过程中所起的媒介作用,就是货币的流通手段。

提升思维能力

商品买卖环节——"惊险的一跃"

商品生产者为什么把W(商品)—G(货币)—W(商品)中,卖的阶段称为"惊险的一跃"?

从交换环节上看,货币产生后,商品交换变得复杂了,原来买卖同时进行,现在买卖时空分离了。先将一种商品卖出去得到货币后,再用货币买回自己需要的商品。货币产生后,商品交换变得更便利了,只要换到货币就可以换到任何商品,但前提条件是商品要卖出去。

商品卖出去,意味着商品中的劳动量得到社会的认可,实现了商品的价值。如果商品卖不出去,不仅买不回需要的商品,消耗在商品中的人类劳动也将变得毫无意义。所以,马克思说,这个"跳跃"如果不成功,摔坏的不是商品,而是商品所有者。

领悟人的尊严

商品生产者不断完善产品是为了满足消费者需求
格力,让世界爱上中国造

2016年9月22日,在中国制造业高峰论坛上,格力2016年四大新品惊艳全场:格力画时代空调、磁悬浮离心机组、晶弘瞬冷冻冰箱,以及TOSOT零耗材空气净化器。同时,还提出了"格力,让世界爱上中国造"的新广告语。

格力画时代空调整个机身厚度仅为11.2 cm,整个面板是一幅油画,并且可以个性定制。

在W—G—W中,商品生产者必须为消费者着想,满足消费者的需求,正因为如此,才有我们今天琳琅满目的商品。试想一下,如果人只是为了满足自身的需求进行生产,产品将会如何呢?是满足自己的欲求能推动商品的丰富,还是为了满足别人的欲望才推动了商品丰富,还是两者兼有?商品生产是己欲达而达人的品德行为,还是利欲熏天的利己主义?事实上,为了利润的商业行为也是一种道德行为。

比如,菜场里卖菜的,是把品相好的菜收起来最后卖,还是把品相好的菜放在最显眼的地方,尽快卖掉?答案当然是后者,一般是挑好的卖,最后品相不好的降价销售。由此卖菜也是一种道德行为,既有满足消费者对蔬菜的质量要求,也有公平原则,好菜好价钱,孬菜孬价钱。为什么卖菜的要把好的先卖掉呢?其学科知识的依据是什么呢?首先,商品是用于交换的,而不是自己用的,所以,卖家不会把好东西留着。其次,商品流通,买卖时空分离,商品能否卖出去,成为"惊险一跃",卖不出去,摔碎的不是商品而是商品生产者。所以,生活中,样品往往是最好的,销售者总是把性价比最高的一款商品来推销;生产经营者总是不断完善产品,以满足消费需求。由此,我们可以逆推出几个生活常识:出样的商品是最好的;极力促销的商品是最实惠的;最好的东西常常被放在最显眼的地方。

A4 信用卡的功能

融入生活世界

办理数十张信用卡套现买彩票属恶意透支

张某原是一家大型国企的员工,年收入十几万元,和妻子、女儿生活幸福。因为手头有些闲钱,张某平时很喜欢买彩票,没事就花上十几元买几注,一开始没中什么奖,张某也只是抱着玩玩的心态。

2008年,张某一下连中了好几注小奖,还有几次只差一两个数字就能中上百万的大奖。张某的想法变了,觉得这是老天在暗示自己要发财,自己也得"加把劲"。从此,张某每次一买就是上百元甚至上千元,几乎把所有工资、积蓄都搭了进去,不够了还向别人借钱。

张某不甘心,2010年起,又打起了信用卡套现的主意。因为工作稳定,有固定收入和房产,以前也没有不良信用记录,张某办起信用卡来十分容易,很快就向宁波银行、光大银行等9家银行申请了10余张信用卡。

办好信用卡后,张某在各张卡里取现、套现、透支买彩票,"拆东墙补西墙"。到2007年,张某欠这些银行的本金就高达50多万元,但彩票依然没给他带来好运。

同时，张某的工作也面临危机，因为时不时有债主、银行到张某单位讨债，有人甚至直接打电话给张某的领导，张某实在无法工作，主动辞职，跑去外地躲债。找不到张某后，各家银行纷纷以他涉嫌信用卡诈骗为由报了警。

法院开庭审理了该案，法院认为，张某以非法占有为目的，恶意透支银行信用卡，数额巨大，已构成信用卡诈骗罪，当庭判处其有期徒刑5年3个月，罚金10万元。

问题1：张某为什么这么容易办到多张信用卡？

因为张某工作稳定，在国企年收入有十几万元，有固定收入和房产，以前也没有不良信用记录。所以，办起信用卡来十分容易。银行信用卡是商业银行对资信良好的客户发行的一种信用凭证。

问题2：在各张卡里取现、套现、透支，"拆东墙补西墙"是什么意思？

信用卡里的透支金额花出去，持卡人不一定要全额还款，可以按照10%的最低还款额还款。按最低还款额还款尽管图了一时方便痛快，殊不知，持卡人要承担高昂的利息，日息万分之五，按月复利，利滚利。长此以往，持卡人自然是债台高筑。在高额债务面前，有些持卡人开始动起"歪脑筋"，想到了靠在其他银行信用卡套现的方式还欠款，以达到拖延还款的目的。具体的做法就是另外办一张信用卡，将新信用卡里的透支额度通过套现方式取出来，偿还旧卡账单，在新卡到期还款日，再用旧卡套现还新卡账单。如此反复多卡倒着用，就是所谓的信用卡"拆东墙补西墙"。持卡人向多家银行提出申请，多头开户，持卡人"借新还旧"，多卡透支，出现多重债务，导致无力偿还。最终构成恶意透支银行信用卡的犯罪行为。

提升思维能力

刷卡消费，货币执行的是流通手段职能

一般练习题都认为，刷卡消费，商家并没有及时得到货款，这里有个时间差，因而货币执行的支付手段的职能。其实，这是个有争议的问题。上述回

答是从商家角度而言,但是我们从消费者角度来看,消费者刷卡,消费者获得商品的同时,卡里的钱已经被划出账户,所谓"一手交钱,一手交货"。因而货币执行的是流通手段职能,判断刷卡消费是流通手段职能还是支付手段职能,关键看是否实现"及时支付"。

作为支付手段的货币,在购买商品或服务时,可以分次交付,在时间和空间上是可以分开的,或先交钱,后服务;或先服务,后交钱。所以就支付手段本质而言,是买卖在时空中因分离而产生的一种信用关系。和现金交易一样,如果我们提前刷卡支付或延后刷卡支付,这时信用卡就执行了货币的支付手段的职能。比如我们旅游消费时用信用卡支付进行付费,本质上与现金交易一样,仅仅是付费方式不同而已。

银行信用卡透支消费执行货币的什么职能?消费者用银行信用卡透支消费,相当于借银行的钱来消费,就如同我们借身边人的钱来消费一样,此时消费者与银行之间发生了借贷关系,跟商家无关。买卖之间仍然不存在信用关系,同样信用卡执行的是流通手段的职能。

领悟人的尊严

脱域机制

脱域,是指社会关系从彼此互动的地域性关联中,从通过对不确定的时间的无限穿越而被重构的关联中"脱离出来"。简单地说,脱域就是将人与人之间的互动从时空的"捆绑"中脱离出来。我们一般通过互联网等方式"超脱""超离出来"。互联网促成脱域的形成,不是买卖的时空分离,而是买卖双方时空分离,买方任何时段都可以下单,卖方随时处理订单,无须24小时坐在电脑前。

我们可以拿现金消费与信用卡消费进行比较。如果你用现金到苏宁电器买手机,苏宁电器上午九点开门,晚上十点停止营业,你必须在这个时间里带上钱到销售柜台,一手交钱一手交货。你的消费必须与特定的时空"捆绑"。如果你用手机绑定信用卡消费,你可以摆脱时空限制,在任意时间、任意地点,手机上"一点"即可。从物物交换的买卖时空不能分离,到货币出现后,买卖时空分离,再到信用卡消费,人们可以脱离特定的时空,也就是吉登斯的《现代性的后果》所揭示的"脱域"。同学们的经验就由了解"信用卡的功能"拓展到能够感受到传统社会与现代社会的时空观念的巨大差异。

A5 外汇和汇率的含义

融入生活世界

泰国榴梿出口越南，泰国向越南索要泰铢还是越南盾？

泰国与越南进行货币结算时，既不用泰铢，也不用越南盾，而是用美元。因为越南盾是越南政府的法定货币，仅限越南国内使用，泰国出口榴梿，如果拿到的是越南盾，就无法向其他国家购买商品。因此，无论越南、泰国，还是世界其他国家发生国际贸易时，都需要世界各国都认可的货币。

外汇是用外币表示的用于国际结算的支付手段。哪些外币会成为外汇呢？美元、欧元、日元、英镑等。为什么世界各国都把美元当成主要外汇储备？因为美国凭借强大的生产力和国际政治权力，使得全世界多数人民对美元有更多的信任，美元的购买力也相对比较强。

提升思维能力

美元"世界货币"地位的前世今生

"布雷顿森林体系"确定美元"世界货币"地位

"布雷顿森林体系"是指二战后以美元为中心的国际货币体系。1944年7月,西方主要国家的代表在联合国国际货币金融会议上确立了该体系,因为此次会议是在美国新罕布什尔州布雷顿森林举行的,所以称之为"布雷顿森林体系"。

"布雷顿森林体系"的核心内容包括,成立国际货币基金组织(简称IMF),在国际就货币事务进行共同商议;为成员国的短期国际收支逆差提供信贷支持;美元与黄金挂钩,成员国货币和美元挂钩,实行可调整的固定汇率制度(即35美元兑换1盎司黄金);取消经常账户交易的外汇管制等。

你觉得"布雷顿森林体系"合理吗?

"布雷顿森林体系"建立了以美元和黄金挂钩的固定汇率制度,结束了混乱的国际金融秩序,为国际贸易的扩大和世界经济增长创造了有利的外部条件。美元作为储备货币和国际清偿手段,弥补了黄金的不足,提高了全球的购买力,促进了国际贸易和跨国投资。

但该体系也存在缺陷。美元供给过多则美元与黄金的固定平价就难以维持,供给不足则国际清偿手段不足。固定汇率制下也无法通过汇率浮动自动实现国际收支平衡,调节国际收支失衡的责任主要落在非储备货币发行国一方,这样就牺牲了它们的经济发展。

1960年,美国经济学家罗伯特·特里芬(Robert Triffin)研究"布雷顿森林体系"后指出,如果没有别的储备货币来补充或取代美元,以美元为中心的货币体系必将崩溃,因为在这一体系中,美元既要通过贸易逆差向世界供应美元,又要借贸易顺差保持币值稳定与坚挺,而二者本身是相互矛盾的。这就是"特里芬难题"。

美国宣布美元与黄金脱钩致体系崩溃

20世纪70年代初,在日本、西欧崛起的同时,美国经济实力相对削弱,无力承担稳定美元汇率的责任。1971年8月15日,尼克松政府宣布实行"新经济政策",停止履行外国政府或中央银行可用美元向美国兑换黄金的义务。美元与黄金挂钩的体制名存实亡。

1973年2月,美元进一步贬值,世界各主要货币由于受投机商冲击被迫实行浮动汇率制度,"布雷顿森林体系"至此完全崩溃。

"布雷顿森林体系"的崩溃表明,黄金汇兑本位制解决不了维持全球金融稳定的问题,此后形成的以单一货币为主导的国际货币体系难以避免"特里芬难题",货币多元化成为现实选择。

"布雷顿森林体系"崩溃表明,国际货币体系将向货币多元化发展,欧元区的出现使得国际货币体系走向了多元,人民币的国际化也使国际货币体系向多元化发展。

伴随着实体经济的高速发展,中国于2005年启动了汇率改革,资本项目也在加快开放的步伐。在大量经常项目顺差与巨额外汇储备的支持下,人民币正受到国际市场的青睐,人民币国际化正逢其时。

推进人民币国际化一方面要进行产业升级,提高出口产品竞争力,让贸易伙伴考虑接受人民币结算的方式;另一方面应做强债券市场,构建人民币回流体系,避免人民币国际化仅局限在境内外中资机构。

不过也应看到,美元用了半个世纪才取代英镑成为世界货币,因此人民币国际化将是一个漫长的过程。

影响汇率的因素

汇率又称汇价,是指两种货币之间的兑换比率,或者是一国货币用另一国货币的数量表示的价格。

作为一种价格,一般来说,价格与供求相互影响,价格上涨减少需求,价格下跌增加需求。以人民币对美元汇率来说,汇率上涨,人民币增值,美国人要花更多的美元购买同样的中国商品,因此,会减少购买中国商品,不利于出口。反之,汇率下跌,人民币贬值,同样的中国商品美国人花更少的美元就能购买,因此有利于出口,但不利于进口。这是汇率的变动对进出口的影响。

反过来,进出口反映了该国对外汇的供求关系。一般来说,一国出现国际贸易逆差,反映该国对外汇的需求量大于供给量,这会在外汇市场上引起外汇汇率上升,即本币汇率下降。反之,一国的国际贸易顺差会导致外汇汇率下降和本币汇率上升。

还有以下因素影响进出口以及对外汇的供求关系,由此影响汇率。

（一）通货膨胀

若一国通货膨胀率高于他国,该国出口竞争力减弱,而外国商品在该国市场上的竞争力增强。这会引起该贸易收支逆差,造成外汇供求缺口,从而导致本币汇率下降。

（二）利率

在其他条件不变的前提下,利率上升会吸引资本流入,在外汇市场上形成对该国货币的需求,推动高利率货币的汇率上升。

（三）财政政策

扩张性财政政策会刺激需求和经济增长,通过增加进口使本币汇率下降。紧缩性货币政策会通过抑制通货膨胀和提高利率而刺激本国货币汇率上升。政府的贸易政策可以通过刺激出口和限制进口而带动本币对外升值。

（四）经济增长

如果经济增长是由该国劳动生产率提高所引起的,那么在增长过程中生产成本会下降,产品价格也会下降。尽管该国进口会相应增加,但是由于出口增加得更快,该国货币汇率往往会上升。

（五）政府直接买卖外汇

政府干预汇率的直接形式是通过中央银行在外汇市场上买卖外汇,改变外汇供求关系,从而影响外汇汇率或本币汇率。政府汇率政策的效力不仅取决于该国外汇储备的多少,而且取决于该国的宏观经济状况。一旦贬值压力超过政府干预能力,本币汇率开始下降,便会进一步通过贬值预期诱发更大规模的资本外逃,使该国经济陷入恶性循环。

（六）心理预期

人们对各种价格信号的心理预期都会影响汇率。若人们预期本币汇率将会下降,便可能在外汇市场抛售本币,并助长本币的贬值压力;若人们预期本国将会出现较高的通货膨胀率,会派生出本币对外贬值预期。

(七)外汇投机

外汇投机指在汇率预期基础上,以赚取汇率变动差额为目的并承担外汇风险的外汇交易行为。在当代国际金融市场上,存在着规模庞大的国际游资。其中,一部分国际游资隶属于国际垄断资本集团。它们在外汇市场上,并非是单纯的市场价格信号接受者,而往往充当价格制定者的角色。例如,1997年7月爆发的泰国货币危机固然有多种原因,外汇投机者的恶性炒作无疑起到火上浇油的作用。

领悟人的尊严

人民币成为世界第三大货币

事件背景:北京时间2015年12月1日凌晨,IMF宣布将人民币纳入特别提款权(SDR),其中美元比重将为41.73%,欧元30.93%,日元8.33%,英镑8.09%,人民币则超越日元和英镑,比重为10.92%。

所谓的特别提款权,又称"纸黄金",是1969年IMF进行第一次国际货币基金协定修订时,所创立的用于进行国际支付的特殊手段,其成员国能以特别提款权获得储备篮子中任何一种货币以满足国际收支需求的权利。

人民币被纳入IMF货币篮子,意味着人民币成为真正意义上的世界货币,名正言顺地为IMF 180多个成员国官方使用货币,提高了人民币的国际地位,增加了人民币的使用量,也相对免除自身的汇率风险,是中国和世界取得双赢的结果。

加入IMF的SDR之后,人民币汇率会大幅贬值吗?其实在上文中已经可以看出,不会!加入IMF的SDR之后,人民币非但暂时不可能大幅贬值,恰恰由于人民币国际使用量逐渐加大,使得人民币汇率小幅稳定上升成为大概率事件。

C6 树立正确的金钱观

融入生活世界

张纪清,"感动中国"2014年度人物

从1987年起,他在二十多年间用"炎黄"的名义捐款、捐物,累计捐赠财物近3万元,直到有一天向灾区汇款时突发脑梗晕倒,人们才知道他的真实身份。

1987年6月,张纪清利用出差的机会,把自己养殖地鳖虫的1 000元收入作为捐助款,从无锡市汉昌路"1439号"汇到了祝塘镇党委,附言"转交正在筹建中的祝塘镇敬老院,以此表示孝敬老人之心"。这是他第一次以"炎黄"的名字汇款。在当时,1 000元钱相当于一个普通职工2年的工资收入。张纪清并不富裕,退休后的他月收入不足千元,当教师的老伴还有些退休金,两口子一直生活俭朴,依旧住着过去的老房子。此后几十年,他用"炎黄"或"黄炎民"的名字多次以虚构地址,从无锡、张家港、上海等地邮局向祝塘镇敬老院、中国青少年发展基金会、革命老区、自然灾害地区和中西部贫困地区捐钱捐物。数额之巨,因无备考,难以统计。

张纪清的事例让我们感动。在追求金钱,追求物质生活享受的今天他甘于清贫的生活,将自己的点滴收入捐献出来,帮助了无数的人。他的行为源自于他内心深处的大爱,他的金钱观也感动着所有中国人。以上是从道德角度来看张纪清老人的行为。从经济学方面,我们觉得他的钱花得很值,镇敬老院、中国青少年发展基金会、革命老区、自然灾害地区和中西部贫困地区都是急需要钱物的,一方面他们很难赚到钱,另一方面,他们又急需要钱。这里的财物发挥的作用就大了。钱都用到了有利于国家社会、有利于他人的地方,用到有利于全面发展自己、实现人生价值的地方了。

所以,感动人物之所以令我们感动,除了道德情感的震撼,还有经济学的智慧理性。

金钱的边际效应递减原理

边际效用递减原理说的是:消费者在消费物品时,每一单位物品对消费者的效用是不同的,它们呈递减关系。举个简单的例子:对一个饿着肚子的人来说,第一碗饭给他的效用最大,第二碗饭则没有那么大,吃到一定程度后,再吃的话,饭给他的效用是负的,即不仅不能给他带来好处,反而是负担。

对买车的人来说也一样,当他买了第一辆车时,他感到方便很多,同时有巨大的心理满足感。当他买第二辆车时,由于他不能同时使用两辆车,这第二辆车给他的效用就没有第一辆车大。当然第二辆车还能起到备用的作用,而且会增加他的炫耀资本,此时总的效用是增加的,但增加的幅度没有他买第一辆车时增加的幅度大。如果他继续购车,买了车后,既要雇司机,又要准备停车的车库,同时要防范窃贼,等等,这些成本反而可能高于第三辆车给他带来的效用,是得不偿失的。

同样的钱,怎么花带来的效用不同。穷人的一元钱要比富人的一元钱的效用大得多。如果富人能够做慈善,那么他捐赠所产生的作用要比用于自身挥霍所起的作用大得多。可惜,一般人都做不到将自己的财物与他人分享。

提升思维能力

给"熊孩子"买保险

产品名称：监护人责任险。

产品特色："熊孩子"的调皮和破坏力是否已让你束手无策，需要监护人承担责任和经济赔偿，何不让我们为孩子的过失买单！

保障项目：监护人责任。

保险金额：6万—50万。

保障说明：承保孩子（被监护人）因过失造成第三者人身伤亡或财产损失，我们将按合同约定负责赔偿。每次事故财产损失免赔额200元。

监护人责任险是否需要买？答案可能因人而异。但我们应该看到金钱不是万能的，教育无法用金钱来替代。抚养子女的目的是使其成长为一个有责任、有担当的人，我们虽然能通过买保险的方式解决经济赔偿问题，但解决不了培养孩子责任感的问题。可见，金钱在解决情感、责任方面的问题时，具有明显的局限性。我们不能夸大金钱的作用，也不能妄想通过金钱来解决所有问题。要正确认识金钱，合理利用，真正发挥它应有的价值。

领悟人的尊严

贪污不仅违法而且缺德

反对拜金主义。君子爱财"取之有道"，对待金钱要"用之有度""用之有益"。用钱购买商品，实际上是用自己的劳动与别人的劳动进行交换。贪污受贿是无偿占有别人劳动的行为，不仅违反道德准则，也是违法的。

试想，假如一位农民工年收入5万元，贪污1 000万元，就相当于侵占了200位农民工一年的辛勤劳动。更有甚者，如果贪污的是社保基金，会使很多人因为没有钱而得不到及时的治疗，从某种程度上讲，谋害的可能是人珍贵的生命。

为什么会有很多官员贪污腐败，从根本上讲是因为他们没有树立正确的金钱观，心中无他人，无社会，无法制。国家大力整治贪污腐败之风，是还社会以公平，还社会以正义。

B7 供求影响价格

融入生活世界

供求关系对价格的影响

情人节鲜花的需求量大,价格会上涨。同理,在秋冬换季时,皮衣能卖出好价钱。相反,羽绒服在海南降价也少有人买,因为海南冬季不是那么寒冷,人们对羽绒服的需求不大。

从产品的供给来看,苹果遭冰雹减产,供应量减少,价格远远高于往年。同一种西瓜,刚上市时每千克卖到几元钱,大量上市后每千克只卖一元钱。

简单概括一下,商品供求关系的变化有四种情况:一是供给量增大,价格下降;二是供给量减少,价格上涨;三是需求量加大,价格上涨;四是需求量减少,价格降低。这四种情况最终影响到供求关系的变化,从而引起价格的变动,即供过于求,价格下跌;供不应求,价格上涨。供求关系是引起价格变动的直接因素。

提升思维能力

引起供求关系变化的间接因素

间接因素有很多。甚至一阵风一阵雨也会引起价格变动。风调雨顺,苹果丰收,苹果是一种价格;遭受冰雹,苹果又是一种价格。所以说,影响供求关系变化的因素很多,如气候、时间、地域、生产条件、政策等,甚至宗教信仰、习俗等文化因素也会对供求产生影响,最终引起价格的变动。

领悟人的尊严

会不会有一种商品价格持续下跌？又是什么阻止了价格的下跌？

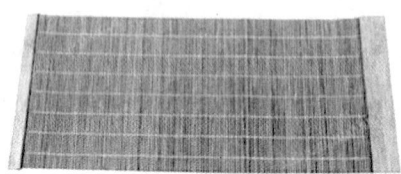

供不应求,处于卖方市场,供过于求,处于买方市场。但商品也有尊严,不会一直降下去。初夏竹制凉席会涨价,秋末牛皮凉席会跌价,但无论怎么涨跌,牛皮凉席的价格要高出竹制凉席一大截,这是为什么？商品尊严的背后是人劳动的尊严。牛皮凉席的制作花费的人类劳动量要比竹制凉席的劳动量大得多,如果价格过低,就是对劳动者劳动的蔑视,商品生产者无论如何都不会卖的。

供求影响价格的背后

供不应求,大家都争相购买,卖给谁呢？从道德层面上讲,应该卖给最需要的人,谁最需要呢？价格是一个很好的调节器。价格上涨,不太需要的人就会离开市场,价格再上涨,直到最后,最需要的人应该是不惜一切代价都想要得到该商品的人。同样,价格的德性对商品生产者也能体现出来。通过价格可以告诉生产者不能再扩大生产了,越生产越亏本。价格下跌,生产商利润减少,就得缩小生产规模。

B8 价格与价值的关系

融入生活世界

燕窝的营养价值并不高,为什么价格奇高?

采集燕窝,是一项非常艰苦和冒险的工作。由于燕窝大多筑在海岛上的悬崖峭壁或幽深的洞穴中,故采集它须攀登悬崖绝壁。通常,采集工口衔点火蜡烛,顺着一根近2米长的竹竿在洞穴中向上爬,直爬到竹竿顶尖那让人头晕目眩的高度时,才能够得着燕窝。采集工须动作灵巧,稍有不慎,随时可能会摔进深渊或坠入大海。有时,一个燕窝是用采集工的生命换来的。价格奇高的燕窝,背后是采集工异常艰辛、危险的工作,说是铤而走险一点也不夸张。

同样,为什么野生鲫鱼要比人工饲养的鲫鱼价格高?因为捕获野生鲫鱼是要靠运气的,所花费的时间要远远多于人工饲养鲫鱼的时间。

提升思维能力

为什么新款手机的功能只有一点改进,价格就会翻倍?

不要小看这一点点的改进,每一个细小的改进都花费了研究人员大量的

工作时间,耗尽他们的智慧、灵感,还需要整个团队的分工合作。同时如果自己研发出来的产品不及同行竞争者就需重新进行研发,所以,一个细微的改进是社会整个行业努力工作的结晶,怎么可能不贵?问题是你需要这个新功能吗?这就涉及如何做个理智消费者和树立正确消费观的问题了。

领悟人的尊严

包含人类创造性劳动的商品价格

马克思将人类劳动分为:简单劳动与复杂劳动。简单劳动是指不经专业训练、没有专长的劳动者可以从事的劳动;复杂劳动是指只有经过专业训练、具有专长的劳动者才能从事的劳动。形成商品价值的劳动以简单劳动为计量单位,复杂劳动等于多倍的简单劳动。复杂劳动的产品等于多量简单劳动的产品,显然,复杂劳动的价值量更大。笔者以为,在复杂劳动中,进行创造性劳动的价值不是简单劳动 N 倍的问题,而是 N 次方的问题。所以,创造性的专业性劳动价值巨大。因为它最能集中反映人类的智慧。比如,左思的《三都赋》因其巨大的艺术价值引发了"洛阳纸贵",还有许多科技新产品、网络小说、网络电影、网络游戏开发……都是人类创造性的劳动成果。

商品的质量越好,价格是不是越贵?

商品的质量越好,价格不一定越高。商品的质量是指商品的使用价值,质量好,说明该商品更能满足人们的需要。价格由价值决定,价值量越大,表明生产该商品耗费的劳动量越大。使用价值与价值是商品的两个属性。使用价值高的商品,价格不一定高。生命必需的饮用水、蔬菜、粮食、食盐等价值高的产品价格并不高,因为价格反映的是商品的价值量,商品的价值量是由社会必要劳动时间决定的。生产饮用水、蔬菜、粮食等人们的生活必需品并不需要太多的社会必要劳动时间。因此,它们的价格不会太高,但人们不能因为它们价低易得而随意浪费。对于维系人类生存的生活必需品,我们更应该珍惜。

B9 价值规律的内容及其表现形式

融入生活世界

个别劳动时间与社会必要劳动时间

劳动量的天然尺度是劳动时间。生产一模一样的茶杯,甲厂需 8 小时,乙厂需 12 小时,如果甲厂卖 8 元,乙厂卖 12 元,会出现什么情况?大家都买甲厂的,不买乙厂的,随后产生的情况是甲厂会涨价,乙厂会降价,最后茶杯价格会定在 10 元左右。

商品的价值量由生产商品的社会必要劳动时间决定,商品交换以价值量为基础实行等价交换(从较长时间看)。

所谓社会必要劳动时间,在卡尔·马克思的《资本论》中是指"在现有社会正常的生产条件下,在社会平均的劳动熟练程度和劳动强度下,制造某种使用价值所需要的劳动时间"。

提升思维能力

甲厂在竞争中处于有利地位，乙厂处于不利地位。你觉得甲乙两厂会维持生产现状吗？结果会如何呢？

甲厂在竞争中虽处于有利地位，但这种有利地位只是暂时的，只要乙厂改进技术，加强管理，或推出新品种，那么甲厂的有利地位就会丧失。因此，甲厂不会停止技术改进，因为，技术改进会给它带来更大的利润。同样，乙厂不会自甘落后，因为如果再不提高劳动生产率，继续亏本，将面临被甲厂兼并，或者破产、倒闭的境地。乙厂管理层为了生存，就要提高劳动生产率。由此，整个社会劳动生产率会提高，商品的价值量会下降。所以，自由竞争是对低效的生产管理的惩罚。

受供求关系影响，商品的价格围绕价值上下波动，这还能算是等价交换吗？

因受供求关系的影响，商品交换并不是每次都是等价交换，这不仅不违背价值规律，恰恰相反，这是价值规律的表现形式，价值像一根恒定的磁铁，价格无论怎么上下乱窜，都逃不出这根磁铁的控制。从长远角度看，价格与价值还是持平的。

领悟人的尊严

中国内地劳动力成本（2004年）

中国内地劳动力成本优势能持续多久？

官方数据表明，2004年中国内地制造业雇员的年平均工资为14 003元人民币，这说明每小时的劳动力成本是0.84美元，从2000年到2004年每年增长13.7%。

中国内地现在的劳动力成本大体与韩国、新加坡上世纪70年代的水平类似。今天，中国内地的平均劳动力成本大约是美国的5%，这与韩国1975年的状况相同。

显然，中国内地的劳动力成本将进一步提高。

"无限劳动力供应"的情况可能已经在中国内地结束，但是我们并不赞同中国内地正在快速丧失其劳动力成本低廉的优势。

某种程度上，过去几年中国内地劳动力成本的增加被劳动力市场的制度障碍所放大了。

韩国花了20年时间把它的平均劳动力成本从占美国的5%提高到50%，我们认为，中国内地可能要花超过20年时间把劳动力成本提高到占美国的50%。

总的来说，中国内地的劳动力成本将随着时间稳步上升。即便劳动力成本的增速不到13%—15%，它也将牵连通货膨胀压力和经济结构调整。因为中国对国际市场已经存在重大影响力，劳动力成本也可能将对通货膨胀和全球生产的重新分布施加显著影响。

为什么说，中国内地的劳动力成本将进一步提高？

经济全球化使生产要素在全球范围内配置，在劳动力成本低的地区，人们就会加大对劳动力的使用量，劳动力数量具有限的，长此以往，劳动就会供不应求，劳动力的成本也会上涨。最终，各国劳动力成本还是趋于平等。

那么为什么中国内地可能要花超过20年时间才能把劳动力成本提高到占美国的50%？

首先，劳动力成本的增速不到13%—15%。其次，劳动力成本提高会牵连到通货膨胀压力和经济结构。最后，中国对国际市场已经存在重大影响力，劳动力成本也可能将对通货膨胀和全球生产的重新分布带来显著影响。

B10 价格变动对生活消费和生产经营的影响

○价格变动对生活消费的影响

融入生活世界

价格变动影响需求

① 燕山栗买一斤送半斤,结果排起了长队,为什么?"双11"电商为什么会降低商品价格?

一般情况下,某种商品价格上升时,人们减少购买量;某种商品价格下降,人们会增加购买量。

② 农民粮食丰收,粮价会降,粮食会不会卖得更多?农民收入会不会增加?你能理解过去盐商为什么特别富吗?

价格变动对生活必需品的影响较小,对高档耐用品的影响较大。粮食与食盐都是生活必需品,因此,无论价格怎么涨跌,老百姓的需求量不会有较大起伏,粮食丰收了,粮价可能下跌,而销售量不会大幅上涨,农民因粮价下跌造成的损失,无法从销售量的增加上获得弥补。因此,会出现"谷贱伤农"的现象。同理,封建社会食盐实行垄断经营,即使食盐高价老百姓也得买,并且销售量稳定。所以,封建时代的盐商富得流油,一般都拥有私家园林。

③ 加多宝涨价了,谁卖得好?加多宝、王老吉都涨价,什么商品就卖得好?

当某商品价格上涨时,该商品的替代品需求量会随之增加。加多宝涨价了,王老吉卖得好。加多宝、王老吉都涨价,其他饮料就卖得好。

④ 为什么汽油价格贵了,买车就会谨慎些?

当某商品价格上涨时,其互补商品的需求量就会随之减少。汽油价格贵了,买车就会谨慎些。

提升思维能力

用价格调节需求

① 我国水资源短缺,如何用经济手段让人们节约用水,同时又不影响居民的正常生活呢?

调节水价会影响人们的用水需求。水价上涨,人们会减少需求,从而达到节水的目的。但水是生活必需品,人们每日必需一定的用水量,水价过高,生活成本上涨,从而影响居民生活水平。因此,可以实施阶梯水价,保证居民正常用水的同时不增加他们的经济负担,同时对正常用水量之外的调高水价,有利于人们节约用水。

② 为什么国家要实行粮食最低收购价?

粮食是生活必需品,需求量变化幅度小,粮食丰收,往往会出现"谷贱伤农"的情形,为了保护农民的种粮积极性,国家要实行粮食最低收购价。

③ 因为有国产优质奶粉,洋奶粉价格就不敢太贵;因为有华为,三星、苹果价格就不会太高。这样的现象你能理解吗?

互为替代品的存在对消费者有利。同时,生产者为了保护自己的利益,避免自相残杀,会出现同类商品一同涨价的现象。

④ 买血糖仪送试纸,这是怎么回事啊?

血糖仪与试纸是互补商品,顾客买了血糖仪必须要买试纸。因此,商家会免费赠送试纸,让消费者有"赚到"的感觉,其实,试纸的价格已包含在血糖仪的售价里了。

领悟人的尊严

价格涨跌对需求的影响体现了人的德性

对一般商品而言,价格上涨,表明产品供不应求,从"利"的角度看,消费者若要继续争抢,则要花费更多的钱财。从"义"的角度看,价格上涨,我们减少了需求,把有限的商品让给了最需要的人,这是消费者的道义。同样,价格下跌,需求增加,从"利"的角度看,增加需求获得物美价廉的商品,同时,也保护了商品生产者,使商品的价值得到实现。

不同商品,需求有弹性。粮食价格下跌,国家实施粮食最低保护价,体现了国家的德性。

文化不同,销售策略不同

宜家会把商品拆开来卖,而中国商家会赠送互补商品,如:买羽毛球拍送羽毛球。

中国优秀传统文化中孕育的是德性精神,是对人的道德能力的自觉。西方理性精神是对人的理性能力的自觉。到宜家买一张床,一张床会拆成床架、铺板、床垫和床头柜这四样东西分开出售,看上去每件商品价格都不高,但加起来就有几千。中国商家则可能是这样的促销方式,买床送床头柜,大钱都赚了,小物品就让利送给消费者。

○价格变动对生产经营的影响

融入生活世界

降价作为一种竞争手段

① 俄罗斯石油公司为什么缩减石油产量?石油输出国组织(中文译音为

欧佩克,OPEC)为什么不减产?

价格能降到什么程度?保证商家的利润,保证其有利可图。俄罗斯石油开采成本高,石油降价对俄罗斯经济影响很大。而沙特石油开采成本低,为了扩大市场占有率,OPEC不减产。

② 钟表店的店面不断缩小,实体书店不断减少,而药店倒是开了一家又一家,这是为何?

网店无需经营场地,而实体店要租借店面,经营成本高于网店,在价格竞争中,实体店必然处于劣势。再加上,手机的计时功能和电子书方便携带的特点,人们对钟表的需求量与纸质书的需求量不断减少,造成价格下跌,由此造成钟表店的店面不断缩小,实体书店不断减少的局面。

为什么药店有扩大的趋势?一是价格,药店药品价格与网上买的相差不大;二是质量,药店药品质量比网上买的更有保障;三是药店购药及时,网购需要等数天,有病需及时治疗。此外,最主要的原因是社会保障体系不完善,部分人群无法承担去医院看病的高额费用。到医院看病要做许多复杂且昂贵的检查,在城市里打工的农民工没有医保卡,遇到日常疾病他们一般选择到药店买些药。另外,药店也可以刷医保卡,许多保健品,甚至化妆品都可以刷卡,这对有医保卡的人群来说省钱又省心。

提升思维能力

价格能让有限资源给最需要的人

市场怎样有效地配置资源?通过价格机制实现。供不应求,价格上涨,对该资源可要可不要的,就会退出需求行列,如果资源还是不能满足需求,价格可以继续上涨,直至留下非要这种资源不可的人群,他们会不惜一切代价去购买,这样就形成了最有效的资源配置——让最需要的人去拥有。

领悟人的尊严

价格变动对生产经营的影响体现了人的德性

价格上涨说明供不应求,需要生产者扩大生产规模,满足消费者需求。生产者如果继续缩小生产规模,势必导致价格继续上涨,这是在玩阴谋。石油价格下跌,表明供过于求,继续扩大供应,价格继续下跌,既是对企业工人劳动的蔑视,也是以强欺弱的不道德行为。在俄罗斯石油公司缩减石油产量的同时,石油输出国组织 OPEC 不减产的另一层原因还在于他们想压垮俄罗斯,占领更多的市场份额。

价格涨跌是对生产要素投入的一种调节方式。无论是价格上涨减少使用,还是价格下跌增加使用,都是"利"与"义"的统一。价格上涨减少使用,既减少生产成本,提高利润,也是把供不应求的资源让给需要部门的义举。遵循规律,就能做到天人合一,反之,既是费尽心机谋财的无德,到最后也是竹篮打水一场空的无利。

价格通过影响生产经营,进而解放人的劳动力

某玩具厂工人拧螺丝,劳动力成本提高,老板只好花钱购买机器人投入到生产线中。这并不是说人拧螺丝的行为没有价值。人不只是作为劳动力而存在,更应该有作为人的价值和尊严。所以说,科技发展,社会的进步,会将人从繁重的、机械的劳动中解放出来。在生产中使用机器人,既提高了生产效率,也解放了人。让人能从其他更有创造性的劳动中最大限度地实现自身价值。

A11
◎ 影响消费水平的主要因素 ◎

融入生活世界

生产决定消费

余华作品《许三观卖血记》第十九章(节选)

这天晚上,一家人躺在床上时,许三观对儿子们说:

"我知道你们心里最想的是什么,就是吃,你们想吃米饭,想吃用油炒出来的菜,想吃鱼啊肉啊的。今天我过生日,你们都跟着享福了,连糖都吃到了,可我知道你们心里还想吃,还想吃什么?看在我过生日的份上,今天我就辛苦一下,我用嘴给你们每人炒,你们就用耳朵听着吃了,你们别用嘴,用嘴连个屁都吃不到,都把耳朵竖起来,我马上就要炒菜了。想吃什么,你们自己点。一个一个来,先从三乐开始。三乐,你想吃什么?"

三乐轻声说:"我不想再喝粥了,我想吃米饭。"

"米饭有的是,"许三观说,"米饭不限制,想吃多少就有多少,我问的是你想吃什么菜?"

三乐说:"我想吃肉。"

"三乐想吃肉,"许三观说,"我就给三乐做一个红烧肉。肉,有肥有瘦,红烧肉的话,最好是肥瘦各一半,而且还要带上肉皮,我先把肉切成一片一片的。有手指那么粗,半个手掌那么大,我给三乐切三片……"

三乐说:"爹,给我切四片肉。"

"我给三乐切四片肉……"

三乐又说:"爹,给我切五片肉。"

许三观说:"你最多只能吃四片,你这么小一个人,五片肉会把你撑死的。我先把四片肉放到水里煮一会,煮熟就行,不能煮老了,煮熟后拿起来晾干,晾干以后放到油锅里一炸,再放上酱油,放上一点五香,放上一点黄酒,再放上水,就用文火慢慢地炖,炖上两个小时,水差不多炖干时,红烧肉就做成了……"

许三观听到了吞口水的声音。"揭开锅盖,一股肉香是扑鼻而来,拿起筷子,夹一片放到嘴里一咬……"

许三观听到吞口水的声音越来越响。"是三乐一个人在吞口水吗?我听声音这么响,一乐和二乐也在吞口水吧?许玉兰你也吞上口水了,你们听着,这道菜是专给三乐做的,只准三乐一个人吞口水,你们要是吞上口水,就是说你们在抢三乐的红烧肉吃,你们的菜在后面,先让三乐吃得心里踏实了,我再给你们做。三乐,你把耳朵竖直了……夹一片放到嘴里一咬,味道是,肥的是肥而不腻,瘦的是丝丝饱满。我为什么要用文火炖肉?就是为了让味道全部炖进去。三乐的这四片红烧肉是……三乐,你可以慢慢品尝了。接下去是二乐,二乐想吃什么?"

"吞口水"这个动作,在哲学上被称为意识的能动作用,意识对生理具有调节和控制作用。从这篇小说节选中,我们看到的是人们在生活贫困的悲剧中带有喜剧性的自嘲与调侃。自然灾害过后,生产力下降,人们的消费水平也直线下降,温饱已成困难,何谈更高层次的消费?反观今天,人们的生活水平为什么提高了?生产决定消费,要提高居民生活水平,必须保持经济持续增长。

收入影响消费水平

某市几位居民对居住地的选择如下:

张先生,34岁,月收入1 000元。他选择在城市边缘居住,因为这里房价较低。价格因素对工薪阶层来说是个重要的考虑方面。另外,如果社区配套完善,也不会影响居住质量。

杨女士,25岁,月收入6 000元。她选择居住在城市中心,因为这里往东有商业区的繁华,往西有人文景观的浪漫,充满了浓厚的都市味道。

刘先生,40岁,月收入10 000元。他对居住地的要求首先是地段一定要清静,最好临海。因为平时工作接触人很多,回家想有一个温馨宁静的环境。要有良好的物业管理,以保证家人居住得舒适安全。交通一定要便利,社区配套设施要完备、人性化。所以他选择了远离城市的配套完善的海景房。

在住房消费水平上,你认为谁的消费水平高,谁的消费水平低?是什么因素造成他们消费水平高低的?

影响消费水平的主要因素是居民收入,收入是消费的基础和前提。张先生收入低,只能选择房价低的地段。刘先生收入高,对住房要求可以高一点,追求清净、舒适、安全、便利、配套设施完备等。收入水平比个人喜好对消费水平的影响更大。改革开放以来,经济社会长足发展,但不同家庭消费水平差距较大,背后是收入差距大,因此,要促进收入分配公平,提高人民生活水平。

2011—2015年全国居民人均可支配收入及其增长速度

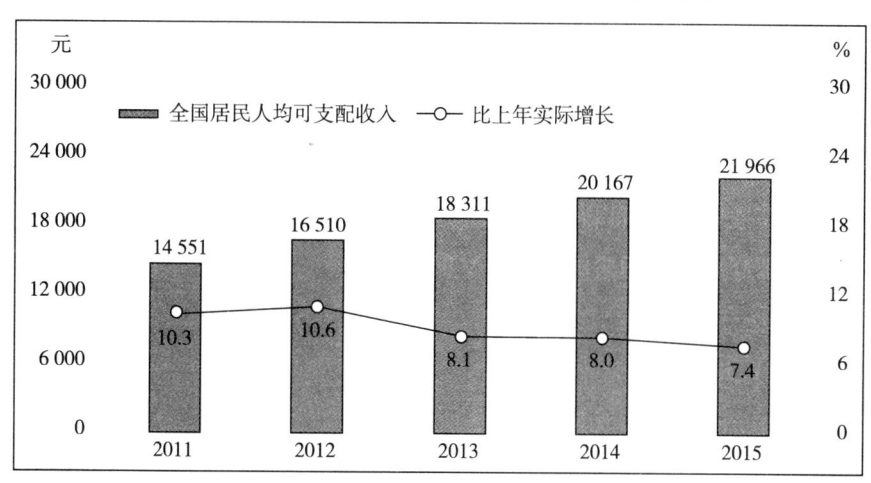

(数字来源于国家统计局)

提升思维能力

我国居民为什么喜欢储蓄,而抑制消费?

我国储蓄率远超世界平均水平,2013年数据表明中国人均居民储蓄已超3万元。中国人民银行的数据显示,截止到2013年8月份,我国居民储蓄余额已连续三个月突破43万亿元,位于历史最高位。其中,活期存款超过16万亿元,定期存款超过27万亿元,显示出存款向定期化发展的趋势。

对未来收入预期不乐观是居民宁愿储蓄而不愿意提高消费的主要原因。对于未来收入,如果人们有非常乐观的预期,那么预支将来收入的可能性就会加大;反之,预期未来有减少收入或失业的风险时,人们就会节制当前的消费,以备不时之需。所以,要提高居民消费就要完善社会保障体系,建立基本医疗卫生制度,促进教育公平,让居民在失业的情况下也有基本的生活保障,子女能接受公平教育,生病时能获得医疗救治,这样,居民就敢花钱消费了。反之,如果没有完善的社会保障,失业了连基本生活都得不到保障,子女天资再聪慧,也无法接受公平的教育,生病了只能等死。如此这般,老百姓无论如何都不敢花钱消费的。

基尼系数小幅下滑至0.473(2014年1月)

中国 2003—2013 年基尼系数变化

低于 0.2	收入绝对平均
0.2—0.3	收入比较平均
0.3—0.4	收入相对合理
0.4—0.5	收入差距较大
0.5 以上	收入差距悬殊

基尼系数:基尼系数是1943年美国经济学家阿尔伯特·赫希曼根据洛伦兹曲线所定义的判断收入分配公平程度的指标。洛伦兹曲线(Lorenz curve)就是指,在一个总体(国家、地区)内,以"最贫穷的人口计算起一直到最富有人口"的人口百分比对应各个人口百分比的收入百分比的点组成的曲线。

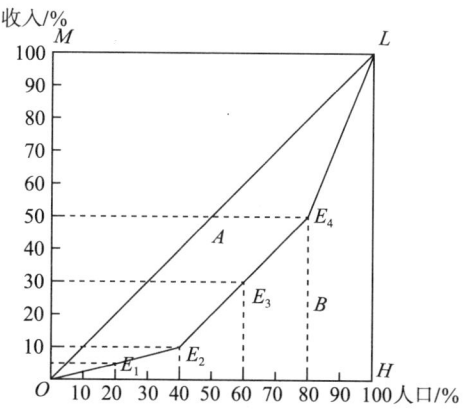

上图中,线段 OL 是绝对公平,人口的百分比与占有财富的百分比相同,1%的人口占 1%的财富,x%的人口占 x%的财富,也就是说,每个人占有的财富相同。事实上,人口百分比对应各个人口百分比的收入百分比的点是由 E_1、E_2、E_3、E_4……组成的曲线,E_1 是最贫穷的 20%人口,只占 4%的财富,由 E_4 到 L 是最富有的 20%人口,因此,E_1、E_2、E_3、E_4……越靠近线段 OL 财富分配越公平,越靠近点 H,财富分配越不公平。E_1、E_2、E_3、E_4……组成的曲线与线段 OL 组成的图形面积 A 越大社会分配越不公平,面积 A 除以三角形 OHL 的面积 B 所得到的值就是基尼系数。

为什么收入差距越大,总体消费水平越低?

当社会贫富差距加大,社会成员分成穷人群体与富人群体,他们呈哑铃状分布,穷人即使收入提高了也不敢用于消费,因为社会保障不完善,他们要把钱存起来,以备不时之需。富人消费水平已达到很高程度了,收入再增加也不会用于消费,而是继续投资,所以,贫富差距不断加大,即使社会生产发展了,居民收入提高了,社会总消费水平也不会有较大提高。哑铃状的社会贫富对抗,社会不稳定,极具风险。相反,橄榄状的社会财富分配,有利于消费水平的提升。因为社会成员多数处于中间阶层,中产阶级有社会保障,他们敢于消费,而且他们有提高消费水平的空间和愿望,因此,收入差距缩小,会使总体消费水平提高。

领悟人的尊严

提高消费水平与维护人的尊严

莫泊桑的《项链》是法国一部富有讽刺意义的小说,故事的女主人公马蒂尔德,因为爱慕虚荣,借女友的一串钻石项链去参加舞会,谁知回到家里她发现项链竟然不见了,为了不失信于女友,马蒂尔德和丈夫一起悄悄去了首饰店,几经周折终于找到一家可以制作那串项链的首饰店,可是费用十分昂贵,要三万六千法郎,马蒂尔德和丈夫倾尽了所有的积蓄,又借了高利贷买下那条项链还给了女友。此后,她和丈夫花了整整十年的时间,才还清了买项链所欠下的所有债务,可故事的最后,竟是一个让人意想不到的结局:一次偶遇,女友告诉她那串项链是假的,最多就值500法郎。

莫泊桑《项链》中的马蒂尔德夫人过了十年艰苦的日子,但维护了做人的尊严,马蒂尔德夫人可谓生活在人间地狱,但她心里平静,觉得对得起自己的良心,生活过得艰苦一点但坚定了做人的准则。

人生如时钟

如果把消费仅仅理解为物质消费,那么生活的广度就狭窄了,人的生活质量不仅仅是物质质量,还有精神世界的质量。一个贪污巨款的人整天生活在惶恐不安之中,有什么生活质量可言?精神的舒展就是我们心灵的舒展,就是我们生命时钟的指针不断的延展。人的生命是有限的,但生命指针的半径是可以伸展的,延长的。在保证物质消费的基础上,提升精神消费的水平,充实自己的思想,完善自己的内心世界,让自己拥有一个高质量的人生。

融入生活世界

生活剪影

小夫妻两人都上班,每天挤公交。这天夫妻俩在等公交的时候,有一段对话。

丈夫:每天花在路上的时间太多了,咱们还是贷款买辆车吧。

妻子:有多少钱办多少事,借款总是心里不踏实,还是等攒足了钱再买车吧。

你赞同谁的观点?

一切从实际出发,实事求是。贷款消费实质是花明天的钱,如果对自己未来预期收入乐观,就可以贷款消费;如果未来收入不乐观,则不能贷款消费,否则会造成生活压力。鉴于小夫妻俩都有稳定的收入,对未来收入有乐观的预期,目前也没有太多积蓄,贷款买车不失为一种可行的选择。

消费按交易方式分为:钱货两清、贷款消费、租赁消费。

消费按目的分为:生存资料消费、发展资料消费、享受资料消费。

提升思维能力

租赁消费和贷款消费

案例一：一套几十万的健身器材,只是偶尔使用,要不要买回家?

可以到健身房,每天租用一小时锻炼。

人们购买商品是为了获得其使用价值,如果一件物品我们很少使用,而且价格昂贵,不妨租赁消费。我们无需拥有所有权,只需要一定时限的使用权即可。并且,自己用完了,不影响他人使用,尽可能做到物尽其用。

案例二：人的一生都要消费,年轻时要买车买房,但积蓄少,人到中年才会积累较多财富。怎样将中年时较多的财富"移至"年轻时候提前使用呢?

贷款消费是人生的智慧。可以贷款花自己未来的钱,花中年的钱。我们既不啃老,也不抢不偷,尊法守法,让生活过得有滋有味。

领悟人的尊严

三种交易方式都有其内在的道德因素

钱货两清是我们日常生活中用得最多的交易方式。这种交易方式给人安心、踏实的感觉,不像贷款消费有着借债还钱的压力。交易的背后是人为劳动的交换。用自己劳动挣来的钱与其他劳动者生产的财富进行交换。这里不仅有等价交换的公平,还有对对方劳动成果的肯定,因此要树立勤俭节约的消费观念,最终形成"人人为我,我为人人"的道德氛围。

贷款消费,由于人一生的收入水平变动很大,刚工作时收入少,到中年以后会有较多的积蓄,如何解决年轻时的住房、汽车的需求,可以"花明天的钱,圆今天的梦"。这里不仅

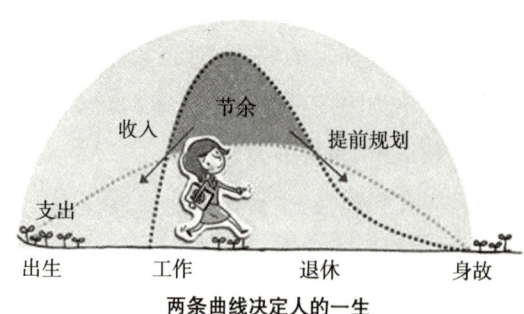

两条曲线决定人的一生

有对幸福生活的追求,也体现了人的尊严,年轻人追求幸福生活不"啃老",不非法牟利。其实,贷款消费是以个人信用为前提的,用的是自己未来的钱,应该客观估量自己的还贷能力。这样,就将贷款消费的外在条件转化为人的道德选择了。

租赁消费。租赁消费不仅体现人的生活智慧,也体现了物的尊严以及其背后购买者对他人劳动的尊重。对劳动者来说,总希望自己的劳动产品能物尽其用,从而使自己的劳动价值得到充分的体现。一件偶尔用到的商品买回来闲置在家里,不仅是财富的浪费,也是对他人劳动的不尊重。

C13 树立正确的消费观

融入生活世界

小李的消费故事

小李想要买核桃，菜场门口的两个小贩卖 15 元一斤，菜场里的摊位上要卖 25 元一斤，小李贪图便宜，买了两斤，30 元。结果壳子太厚，根本夹不碎，用铁榔头砸，砸得粉碎，最后把两斤核桃全部扔掉了。

小李在消费中犯了什么错误，主要是盲目消费。核桃有纸核桃，即皮薄如纸，肉多，这种核桃价格贵。小李买的是铁核桃，即皮壳坚硬如铁，肉少，壳子砸碎了，里面的肉也碎了。铁核桃也不是一无是处，它是中药材。其实只要小李稍微多想一下，就能避免错误消费的发生。

情况一：周围一个人都不买，那些大爷大妈连正眼都不看一眼，熙熙攘攘的人流中，只有小李一个人买。

情况二：两个卖核桃的小贩并不是在菜场外固定摆摊的，以前从没有见过他们，而且两人箩筐里的核桃不是满满的，大约三分之一箩筐的样子，属于卖完就走的类型。事实上，等小李发现，核桃夹不碎，到菜场找他们的时候，他们已经不见了。

情况三：价格相差太大，当时小李贪图便宜，以为自己赚到了。事实上，买卖双方信息不对称，除非买家是行家，卖家是外行，买家才可能赚着。爱书人有时候在地摊上能淘到绝版书，而且很便宜，因为他是内行，卖书的是外行。

提升思维能力

消费行为受消费心理的影响

问题一：明星为广告代言是抓住消费者的什么心理？

答：从众心理。明星多为青少年所崇拜，用明星做广告，能让人产生购买的欲望。某明星都使用了这款产品，我也想使用，如果我使用了这款产品，我的生活不就与明星的生活一样了吗。

问题二：新奇产品的销售契合了人的什么消费心理？

答：求异心理。求异心理主要通过激发人们的好奇心，引起人们的注意。求异心理有利于新产品的开发，但消费者也要考虑社会可接受程度。

问题三：高铁二等座广受欢迎，而一等座少有人问津，人们的消费心理是什么？如果没有二等座了，买一等座可以吗？

答：求实心理。高铁速度快，三个小时已在千里之外了。尽管一等座宽敞舒适，但出行时间短，没有必要花高价买一等座。如果没有二等座了，要不要买一等座？具体问题具体分析，如果时间紧，工作事务紧迫，必须买！如果时间宽裕，迟走早走无所谓，就可以等下一趟车。

问题四：某大学生是农村来的，怕被人瞧不起，买衣服要名牌，日常消费出手阔绰，这是什么心理？

答：攀比心理。消费主要是满足自己的生活需求，不是要把别人比下去。因此，攀比心理是不健康的消费心理。

领悟人的尊严

身体也有最大的耐受极限

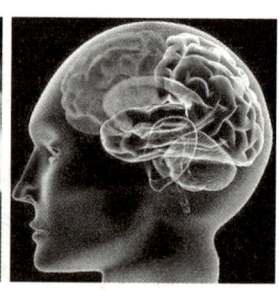

3D晕眩成为当代最严重的消费病,其表现为感官不平衡,从而导致晕眩。这表明身体也有最大的耐受极限。人的身体与自然环境相互影响而达到一种平衡,比如,南方人喜欢米饭,而北方人喜欢面食;一般人要少食油脂多的食物,否则易得高血脂等疾病,但藏民一辈子喝酥油茶也没有高血脂。人奔跑不会眩晕,这是因为人类在长期与自然打交道的过程中形成了一种身体内在的平衡。原始人要经常追逐猎物,掌管平衡的中耳感觉到身体在向前急速运动,视觉却感受到身边的树林呼呼地向后倒,两个感官达到了平衡,人不会出现眩晕。那么,人们为什么会晕机、晕船呢?因为外界事物打破了身体这种平衡,视觉感觉不到身体在运动,但中耳感觉到身体在急速运动,所以导致晕机、晕船的现象发生。3D晕眩与之相反,视觉感觉到身体急速运动,但中耳感觉不到身体在急速运动,由此,身体的平衡被打破,导致眩晕。

由此可见,身体并不以我们的意志为转移,我们想要的消费,人们趋之若鹜的消费可能对人体毫无益处。

自然也有尊严

吃"丛林肉"(指生活在丛林中的大猩猩、黑猩猩、山猪等野生动物的肉),可能会染上"丛林肉病毒"。乱砍滥伐,破坏生态,人类的生存环境就会变得恶劣。乱排乱放,土地被污染,地下水被污染,在被污染的土地上建学校,学生的身体就受伤害。我们要把消费观的教育提升到敬畏自然、敬畏生命、敬畏生生不息的生态关系上去。

B14 生产与消费的关系

融入生活世界

生产决定消费

从右图漫画中可以看出,秦始皇与现代人在夏天所使用的纳凉用具、出行用具大有不同,这是为何?

生产决定消费。生产决定消费的对象、方式和水平,生产为消费创造动力。消费对象不是由人的地位、收入决定的,地位再高,即使是古代的皇帝出行时也无法乘坐今天的飞机,天热时也

今非昔比

无法享受空调的清凉,因为当时社会没有这种生产能力。生产决定消费方式。没有互联网就无法刷卡消费,没有快递业的发展,网购只能是空中楼阁。千里马日夜兼程,24小时不停地在驿站更换快马,也只能日行千里,这在古代是神速,而今天高铁行驶500多公里只需要费两个小时。

消费反作用于生产

信息消费促进相关行业发展（摘自新华网）

随着生活水平的提高，消费结构的升级，居民对于信息消费的需求也将越来越多。在如今移动互联网迅猛发展的时代，人们在生产、生活中的许多行为都需要通过信息渠道来实现，因此信息消费和信息产业的发展空间广阔，是扩大内需中非常具有潜力的一点。

信息产业本身还可以改造和促进其他相关行业的发展，并增加其他行业的消费需求，所以信息产业具有比较强的带动作用。

信息产业对所有产业都会产生直接或间接的影响。从农业到制造业，许多产业都面临信息化的问题，比如金融业要发展网络金融，电商驰骋商业领域……

发展信息产业能够降低信息成本和交易成本，不仅有利于提升信息产业本身，还能促进其他受益产业的竞争力提高，使产业转型升级更加顺畅。

到2015年，信息消费规模超过3.2万亿元，年均增长20%以上，带动相关行业新增产出超过1.2万亿元。

消费对生产有重要的反作用，消费拉动经济增长、促进生产发展。

① 消费对生产的调整和升级起着导向作用。信息消费使许多产业都面临信息化的问题，比如金融业要发展网络金融，电商驰骋网络商业领域。

② 一个新的消费热点的出现，往往能带动一个产业的出现和成长。信息消费不仅可以促进信息产业的发展壮大，而且还可以促进其他相关行业的发展，并增加其他行业的消费需求，所以信息产业具有比较强的带动作用。

③ 消费为生产创造出新的劳动力，提高劳动者的生产积极性。信息消费不仅促进了互联网产业的发展，而且培养出大批互联网产业的劳动者。当今，一名在华为工作的程序员，月薪可达到3万元。

④ 消费是生产的最终目的和动力。

提升思维能力

人们可以忍受停止生产的期限有多长?

中国人一天的消费情况是怎样的?人为什么要不断生产?如果有一天市场停止供应,人们的生活会怎样?

春节期间市场供给停了几天,节前人们一进入腊月就开始备年货了。其实,春节期间许多行业都有人值班,并没有完全停止,有的超市是过年无休。试想,如果水、电、气都停了,公交也停了,所有的生产活动全部停止,人们的生活将是怎样的呢?马克思说:"任何一个民族,如果停止劳动,不用说一年,就是几个星期,也要死亡。"马克思的时代,人们之间的相互依存度还不及现在,现代社会,人们的生活无时无刻都离不开生产。

究竟是生产促进消费,还是消费促进生产?

生产与消费相互促进,消费中也有生产。一是消费对生产有调整升级的作用。按键手机为什么被触屏手机所替代?是谁推动了新型手机的出现?是消费者,这体现出消费对生产的促进作用。二是一边消费一边生产,消费的过程就是生产的过程,如,饮食消费,发展资料消费。生产促进消费,同时人们的消费也调节了生产。

领悟人的尊严

"肾结石婴儿"祸起三聚氰胺

正因为生产决定消费,生产者违背良心,直接受害者就是消费者。你生产什么老百姓就得消费什么,生产者如果丧尽天良,在奶粉里添加对人体有害的成分,普通老百姓是不知道的,生产者加多少,婴儿就喝多少,生产者道德何在?人性何在?所以,企业生产者要有良心,不能一味追求利润,更要注重产品的质量。

没有买卖就没有杀戮

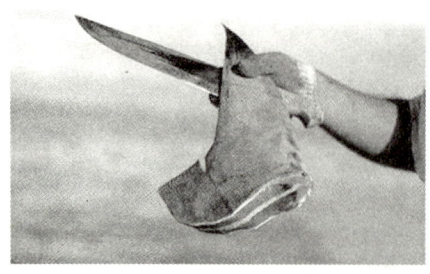 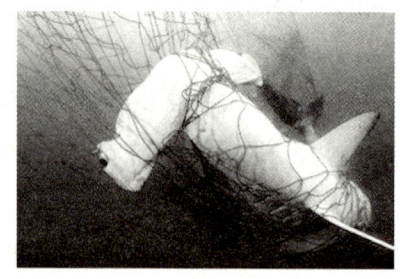

"别看鲸鲨个头那么大,它们在海里其实很老实,一旦被渔网缠身,就出不来了。"日照岚山区一位老渔民告诉记者,鲸鲨进入渔网之后,一直是逆着渔船航行方向往渔网里面钻的,因为身体较长,无法掉头游出渔网,也不会剧烈挣扎,所以捕捞难度不大。

9月11日上午,日照岚山区东潘渔港码头,有渔民捕捞到了两条鲨鱼,渔船靠岸后以20万元的价格卖掉。

因为渠道畅通,鲨鱼经过简单加工后会被运往外地。捕捞上岸的两条鲨鱼,其中一条在本地加工厂内被肢解,另一条被运往浙江台州。

鱼翅每斤至少2 000元,鱼肉最便宜。鲨鱼全身是宝。鲨鱼肉经过腌渍加工运往南方餐饮机构,鱼骨可以药用,鱼皮可以加工成高档皮具,鱼肝则可以加工成鱼肝油。

消费对生产具有反作用,消费行为没有原则,生产者就会投其所好。人们喜欢穿裘皮,动物就要遭殃;人们喜欢吃鱼翅,鲨鱼就得尸沉海底。生产者是掠夺自然还是保护自然,这与我们的消费行为密切相关。

A15
◎ 我国现阶段公有制主体地位的体现 ◎

融入生活世界

43 小时完成换梁，北京三元桥"变形记"震惊全球

2015 年 11 月 15 日，一段北京三元桥 43 小时整体换梁的延时摄影视频在 YouTube 上火速升温，播放量超过 150 万，尤其是国外网友们都被彻底镇住了。

看完视频，国外网友们纷纷献出膝盖，跪倒在地，同时吐槽自己国家施工的低效。

从这件事情上可以看出我国国家机构的高效运行，不相互推诿，那么为什么有些西方发达国家办事效率低下，国家机关互相推卸责任呢？政治是经济的集中体现，根子还在经济上，资本主义国家经济体制是以生产资料私有制为主体，国家建设牵涉到不同利益集团的私人资本，谁出资，出多少？争论不下。而社会主义国家生产资料公有制，尤其是国有经济，就是以国家所有制的形式存在的。

就像顶梁柱支撑大厦一样，国有经济是我国国民经济的支柱。它掌握着国家的经济命脉，在国民经济中起主导作用。对于增强我国的经济实力、保障国家安全（比如永暑岛的建设）、保护生态环境、支持科技进步、发展战略性产业（比如航空航天）、提供公共服务（像本例中的北京三元桥换梁），起到了关键作用。

不得不佩服这样的中国奇迹

　　一条蜿蜒的河硬生生阻隔了河两岸人的往来，贵州瓮安周边的人们想去一趟贵阳，得绕好远。如今，几分钟就可以跨河到达彼岸，从瓮安到贵阳，原本160公里的路程，通过清水河大桥，一下子就缩短到36公里，这座被誉为世界跨径最大的山区板桁结合加劲梁悬索桥的清水河大桥，桥面至谷底深达406米，主跨1 130米，花费2年、耗资15.4亿完成，堪称世界奇迹。而美国旧金山那座闻名世界的"金门大桥"只有227米高。

　　如果没有生产资料公有制，中国要想在短时间内修建青藏铁路、三峡大坝、遍布全国的高速公路及铁路网络，没有可能；要想取得1998年抗洪救灾、2008年抗雪灾、2008年汶川抗震救灾、青海玉树的抗震救灾和云贵高原的抗旱救灾的胜利，也没有可能；2008年奥运和2010年世博会也未必能取得成功！这就是中国的制度优势！中国共产党和中央政府能有效地行使对全国掌控的权力，集中力量办大事。中国有"一方有难、八方支援"的传统，倾全国之力，万众一心，帮助一个地方或者做一件事，没有什么困难克服不了！中国走的主体经济道路是以公有制为主体，以民营经济为补充的、以市场经济为运行模式的社会主义市场经济发展道路，以和平崛起来争取国家实力的壮大，快速追赶发达国家，向着小康社会迈进。

提升思维能力

为什么有些行业是国有经济，有些是集体经济？

　　国有经济，即社会主义全民所有制经济，是指由社会全体成员共同占有生产资料的公有制经济形式，是同基础产业、基础设施和其他高度社会化的生产和经营活动相适应的一种社会主义公有制。集体经济是由部分劳动群众共同占有生产资料的一种社会主义公有制形式，是与农业和手工业、工业、建筑业、运输业、商业、服务业等部门中社会化程度较低的生产和经营活动相适应的一种社会主义公有制。

集体经济体现共同富裕的原则,可以广泛吸纳社会资金,缓解就业压力,增加公共积累量和国家税收。

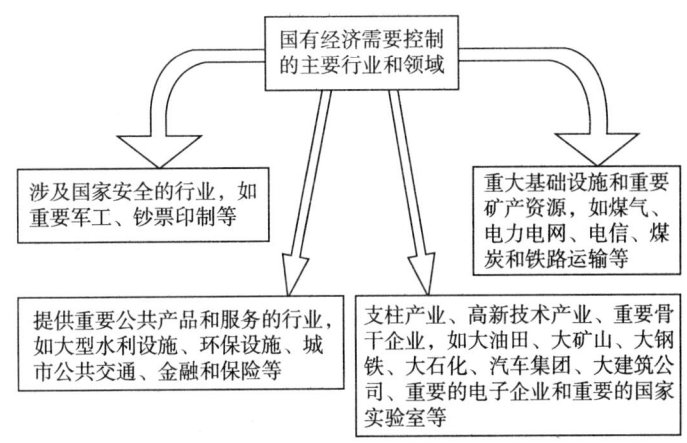

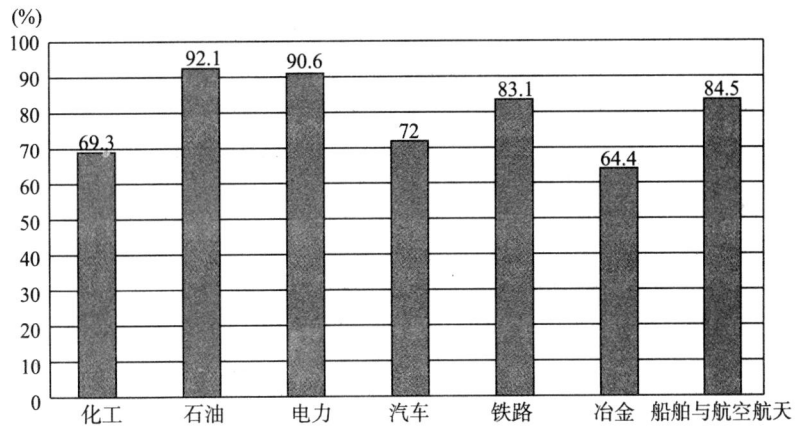

国有经济在一些重点行业和关键领域所占的比重(2000年)

南京"新百"股份制改革

1991年国家企业管理指导委员会批准南京新街口百货商店为国家二级企业。1992年商店改名为南京市新街口百货商店股份有限公司。"南京新百"股票正式上市交易。1995年芜湖新百大厦正式开业。1999年新百房地产开发公司成立。2000年新百公司控股的东方商城开业。

2014年,南京颁发促进民营经济和混合所有制经济"1+5"政策文件。南京新百要逐步完成国有股退出和混合所有制改造。

混合所有制经济,是指各种不同所有制经济按照一定的原则,主要以入股的方式将生产要素组织起来,进行统一经营、按股分红并负有限责任的所有制经济形式。混合所有制经济中的个人成分,并不影响其公有制经济的性质。国有经济成分和集体经济成分通过与其他所有制经济的融合,可以更好地发挥公有制经济凝结其他经济成分的作用,形成规模经济效益,保证和促进公有资本保值、增值的作用。在相当长的一段时间里,我们对公有制经济的认识存在着一定的片面性,主要表现为只是把纯公有制经济看作是公有制经济,没有把混合经济中的公有制经济成分也纳入公有制经济的范畴。

南京新百

领悟人的尊严

私有制下的劳动异化

马克思"劳动异化"的四个规定

① 劳动产品与劳动者相异化:工人对自己产品的关系成了一个异己的关系。

② 劳动行为与劳动者相异化:劳动不是自愿的劳动,而是被迫的强制劳动,因此劳动不属于自己的,而是属于别人的。

③ 人的类本质与人相异化:"自由的有意识的活动恰恰是人的类特性",但劳动的异化使劳动生产活动仅仅表现为个人的生活手段,仅仅维持自己生存的手段。

④ 人与人相异化：上述三点论到人对自己劳动产品的异化，对自身劳动的异化，对自己的类本质的异化，"而人对自身的关系只有通过人对他人的关系，才成为对他来说是对象性的现实的关系"，所以导致人与他人的相异化。

马克思的劳动异化理论深刻揭示了生产资料私有制带来的劳动者积极性的丧失，劳动并非自己愿意的、劳动成果不属于自己、劳动异化为奴役，由此造成了人的异化。电影《摩登时代》对此有形象的表现，批判了资本主义社会中资本奴役劳动、物统治人等种种弊端。社会主义制度实现了劳动者与劳动资料的统一，但在提供效率、富裕和自由方面存在明显的缺陷。改革开放后以市场经济为导向，以解放生产力为宗旨，社会经济发展取得了很大的成绩，但对马克思批评过的市场经济负面因素没有给予足够重视。如果我们把生产资料公有制为主体的社会主义基本经济制度与市场经济结合起来，就能发挥两者的优势。

A16 我国现阶段非公有制经济的种类

融入生活世界

我国个体私营经济就业规模不断扩大

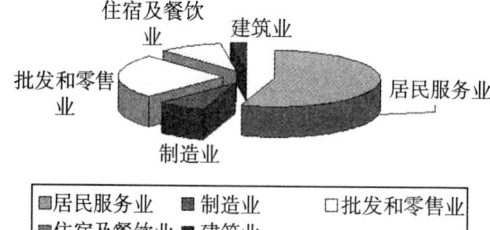

被调查个体工商户所占比重

截至2015年年底,全国个体私营经济从业人员实有2.81亿人,仅商事制度改革以来的两年中,个体私营企业从业人员就增加了6 219.76万人,约占总数的22.06%。2016年1月28日,国家工商总局对外公布《中国个体私营经济与就业关系研究报告》。报告显示,当前我国个体私营经济就业规模不断扩大,就业人员长期快速增长,个体商户成为吸纳就业人口的重要"蓄水池"。

近几年,城镇每年新增就业人员达1 000万人以上,有相当一部分被个体私营经济吸收,全国2.6亿农民工绝大部分在个体私营经济领域就业。同时,随着电子商务的快速发展,私营企业在交通运输、仓储、邮政、金融、信息传输、计算机服务和软件业方面发展较快,所占比重逐年上升。伴随着网络经济和电子商务的快速发展,其产业链不断延伸,拉动就业累计超过1 000万人。

回顾"大跃进",什么都是公有制,粮食、房子都是公家的,人丧失了基本的生活资料的自由支配权。吃饭不要钱,放开肚皮吃,吃饱喝足了,要甩开膀子干活。饭吃进了自己的肚子里,属于私人的,就拼命吃,干活的结果是公家的,就磨洋工,不合理的制度把人的恶德激活了。全部实行私有制,其弊端马克思已作了充分的阐述,尤其是在国家职能(公共职能)的实现上,私有制存在明显的弊端。比如我国的长征五号火箭的研发,如果在私有制下进行,进程可能会非常慢。所以,有的领域需要非公有制,有的领域需要公有制,像小饭馆、小商店、小旅馆、理发店,等等,可以实行个体经济;一些制造业、建筑业、运输业可以实行私营经济、集体经济;国防、军工、电力电网、铁路运输等关系到国家提供公共服务的,或关系到国民经济命脉的,国有经济必须占主导地位。

2015年中国吸收外资规模再创新高

中国正在努力为外商投资创造稳定、开放、透明、可预期的营商环境,引入新资本、人才、技术,加快经济转型升级步伐。在做好风险评估的基础上,分层次、有重点地放开服务业领域外资准入的限制,推进金融、教育、文化、医疗等服务业领域有序开放,放开育幼养老、建筑设计、会计审计、商贸物流、电子商务等服务业领域外资准入的限制,进一步放开一般制造业。

2015年中国吸收外资规模再创新高。2015年,全国设立外商投资企业26 575家,同比增长11.8%;实际使用外资金额7 813.5亿元人民币(折1 262.7亿美元),同比增长6.4%(未含银行、证券、保险领域数据)。外资质量持续提升,产业结构进一步优化。高技术制造业持续增长,实际使用外资583.5亿人民币(折94.1亿美元),同比增长9.5%,占制造业实际使用外资总量的23.8%,而钢铁、水泥、电解铝、造船、平板玻璃等国内市场产能严重过剩的行业基本上未批准新设外资企业,这有利于加快我国产业结构调整和优化进程。

非公有制经济在支撑经济增长、促进创新、扩大就业、增加税收等方面具有重要作用。国有资本、集体资本、非公有资本等交叉持股、相互融合的混合所有制经济,是社会主义初级阶段基本经济制度的重要实现形式,有利于国有资本增强控制力、提高竞争力,有利于各种所有制资本取长补短、互相促进、共同发展。

提升思维能力

中国改革开放所取得的经济发展成就震惊世界

中国走的主体经济道路是以公有制为主体,以民营经济为补充,以市场经济为运行模式的社会主义市场经济发展道路,以和平崛起来争取国家实力的壮大,快速追赶发达国家,向着全面建成小康社会迈进。中国从完全的社会主义制度(公有制)转变到有中国特色社会主义制度,公有制、私有制、中外合资、股份合作制等多种制度并存,这不但大大解放和发展了社会生产力,也使得全社会综合国力大大增强,人民的物质文化生活水平大幅提高,中国改革开放所取得的经济发展成就是有目共睹的,也是让人民满意和世界震惊的!

领悟人的尊严

党报谈土地70年大限:无恒产者无恒心

浙江温州一批土地使用权到期后需花三分之一房价续期才能拿到土地证的新闻持续受到舆论关注,并已引起国土资源部的重视,要求温州市及时上报情况。浙江省国土资源厅也已责成温州市国土资源局报告相关情况。

18日晚,"人民日报评论"微信公号发声评论此事,文章指出,物权法在自动续期的操作上留下了一些模糊之处。这些模糊之处,目前已经影响到群众的生产和生活。

(2016-4-19)

一方面"无恒产者无恒心",土地使用权"70年大限"的隐忧一直盘桓在人们心头,这既不利于产权制度的落实,也让人们因为担忧使用权到期后需缴纳难以承受的续期金而处于惶惶不安中。另一方面,也为相关市场交易行为埋下了纠纷隐患。目前,已经出现了土地使用权到期后,房屋因未能自动续期而不能交易过户的案例。不难预见,如果相关规定仍不明确,还将出现诸多房屋买卖后续纠纷,以及因缴纳续期金而出现的争端。

随着全面深化改革的持续推进,类似"土地使用权到期后该怎么办"的问题还将继续出现,给出解决方案宜早不宜迟。期望相关部门能够着眼于公民合法权益,从现实可行性、法律稳定性的角度出发,关注细节问题,拿出于法有据、于情有理、于民有益的具体解决方案出来。

B17
实行公有制为主体、多种所有制经济共同发展的基本经济制度的原因和意义

融入生活世界

我国生产力发展状况

中国"三合一"火星探测器将由"长征五号"火箭运载发射。新华社北京2016年4月22日电,在首个"中国航天日"来临之际,我国首次火星全球遥感与区域巡视探测任务已获批立项,首个火星探测器预计于2020年发射飞往火星。不同于探月工程分绕月、落月、从月球返回三期完成任务,中国探火工程有望在2021年前后一次性完成绕、落、巡三项任务。

以公有制为主体、多种所有制经济共同发展的基本经济制度,适合社会主义初级阶段生产力发展不平衡、多层次的状况,符合社会主义的本质要求。

提升思维能力

我国生产资料所有制的演进过程

新中国成立后,为适应生产力发展要求,我们建立了全民所有制和集体所有制的经济制度。

20世纪50年代后期至70年代的一段很长时间,所有制变革超越了社会发展的阶段,脱离我国生产力发展水平和具体国情,实行单一的公有制,严重束缚生产力发展。

十一届三中全会以来,党制定并执行以公有制为主体,多种所有制经济共同发展的方针,极大地解放了生产力。

党的十五大报告改变了非公有制经济是"社会主义经济必要的和有益的补充"的提法,明确指出"非公有制经济是我国社会主义市场经济的重要组成部分"。

实行什么样的生产资料所有制并不是由人们的主观愿望决定的,从原始社会到资本主义社会的生产力水平与生产关系的对应状况,马克思发现了人类社会发展的基本矛盾,即生产力与生产关系之间的矛盾。我国生产资料所有制的历史演变,生动体现了生产力与生产关系的辩证关系,生产关系一定要适应生产力的发展。因此,我国基本经济制度是符合社会发展规律的。

领悟人的尊严

2014年长三角核心区经济总量突破10万亿元

统计数据显示,2014年长三角核心区16市实现地区生产总值10.60万亿元,实现规模以上工业总产值突破19万亿元,完成固定资产投资突破5万亿元,实现社会消费品零售总额3.95万亿元,实现进出口总额1.29万亿美元。

2015年长三角地区经济发展情况

2015年,新常态下长三角地区经济仍保持平稳增长态势,呈现出"经济中速增长、转型加快推进、质量效益提升"的特征。经济增长速度、效益仍领先于全国,这对全国经济增长起到极大的支撑作用。2015年,16城市生产总值达11.3万亿元,增长8.2%,增速比上年回落0.3个百分点,高于全国平均水平1.3个百分点。区域经济总量占全国的比重达16.7%,与上年持平。经济转型步伐明显加快,经济结构悄然转变,首次呈现"三、二、一"的结构特征。其中第一产业增加值3 168亿元,第二产业增加值4.91万亿元,分别增长1.8%和5.7%,第三产业增加值6.08万亿元,增长10.8%,增速较上年提升1个百分点。

城乡居民收入稳步增加,呈现出城乡居民收入与经济同步增长、农村居民收入增长快于城镇居民、城乡居民收入差距缩小的良好态势。2015年,16城市城镇居民人均可支配收入均值突破4万元,达到43 629元,增速均值为8.3%;农村居民人均可支配收入均值突破2万元,达到22 504元,增速均值为9%。12个城市城镇居民收入超过4万元,列前5位的城市分别为:上海、苏州、杭州、宁波、绍兴。11个城市农民收入超过了2万元,列前5位的城市分别为:嘉兴、宁波、舟山、杭州、绍兴,城乡居民收入差距缩小。16城市城乡居民收入之比由上年的1.95∶1缩小至1.94∶1,明显低于全国平均水平(2.8∶1)。所有城市城乡收入之比均控制在2.4以内,其中10个城市城乡收入之比控制在2以下。

可以说,长三角地区的经济发展验证了邓小平给出的三个"有利于":有利于促进生产力的发展,有利于增强综合国力,有利于提高人民生活水平。长三角地区的经济为什么会如此"牛"呢?我们可以从长三角地区的经济成分作简要介绍。

首先,长三角地区是国内大型企业最重要的聚集地。2005年,中国企业500强中,长三角地区就有120多家,约占全国的25%,其中,上海44家,浙江42家,江苏40家。

其次,民营经济在长三角经济发展中占据举足轻重的地位。以浙江为例,民营经济已占浙江全省GDP70%以上,税收50%以上,外贸出口40%以上,就业人口90%以上,主要经济指标已连续8年位于全国前列。而浙沪苏皖的民营企业占全国民营企业的1/3。

最后,外资经济方面,上海作为我国经济、金融、贸易和航运中心之一,在经济、社会、政府管理等方面具有不可比拟的优势,造就了最适合总部经济发展的客观环境。2002年,美国《财富》杂志一项针对跨国公司的调查中,有88%的受访公司认为,他们在上海的运营将在未来变得更为重要。在该杂志的另一项调查中,有92%的跨国公司计划在中国设立地区总部,其中40%首选上海浦东,考虑北京和广州的分别占14%和11%。

A18 我国法定的公司形式

融入生活世界

日常生活中哪些单位向我们提供商品或服务?

上学途中,我们乘坐的公交和地铁都是国家提供的公共服务。到学校学习知识,义务教育阶段由国家提供免费的教育服务。生病了到公立医院看病刷医保卡,也是国家提供的医疗服务。为什么到民营学校就读,比到私立医院看病花费得要多得多?因为前者是国家机关、事业单位提供的公共服务,后者是由个人或企业提供的服务。两者之间的区别是什么?前者不以营利为目的,后者是以营利为目的的。

企业是以营利为目的而从事生产经营活动,向社会提供商品或服务的经济组织。人们消费的商品和服务,主要是由企业提供的。

提升思维能力

公司登记制度改革,降低门槛,宽进严管

新兴生产力,特别是中小企业、小微企业、大批海归以及大学生创业型企业,没有厂房、土地,没有多少固定资产,但这些企业有智力、有创造性,他们代表着新兴的生产力方向。如何推动这么一批企业发展,是政府的一项重要责任。

注册资本登记制度改革,放宽公司注册资本登记门槛,除法律、法规另有规定外,有限责任公司最低注册资本 3 万元、一人有限责任公司最低注册资本 10 万元、股份有限公司最低注册资本 500 万元的限制都被一一打破。这将极大地激活一批中小企业、小微企业的发展活力,特别是代表新兴生产力发展方向的企业,带动创业就业。开展公司注册登记制度改革试点,工商部门按照"宽进严管"的原则为企业办理注册登记,简化登记条件,提高登记注册效率,放松市场主体准入管制,使市场主体更加方便快捷地进入市场,最大限度地为投资主体松绑,释放投资创业活力。

为什么将公司制作为现代企业主要的、典型的组织形式?

公司制的优点:独立法人地位;有限责任制度;科学管理结构。

从公司的组织机构看公司科学管理结构的优点。

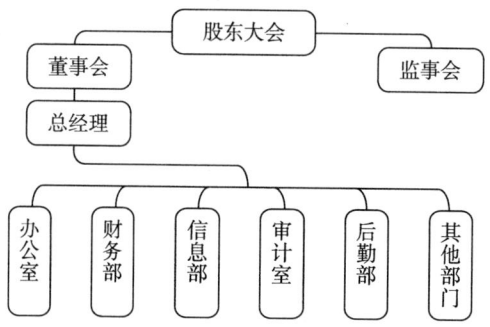

一般来说,公司业绩下滑可能是某个部门出现了问题,可以更换部门经理,从而解决问题。如果更换部门经理后,公司业绩还是下滑,那么,总经理的经营能力就会受到质疑;若更换总经理后,公司业绩还是下滑,那么公司决策就可能存在问题;更换董事会后,效益还是下跌,那么公司就可能成为潜在的被收购或被兼并的对象,严重的甚至会破产。所以,从公司的组织机构的科学管理中可以看出,公司制最大的优点实际上是始终保持资产的效益。

比较两种公司的异同

有限责任公司与股份有限公司的共同点是什么？不同点是什么？

共同点：两者都是以营利为目的、都只承担有限责任。

不同点：有限责任公司，公司的资本不必划分为等额股份；股份有限公司，公司的资本必须划分为等额股份。有限责任公司股东50人以下、不能向社会公开募股、股权转让需应经股东过半数同意、股东按出资比例行使表决权、组织机构是股东会；股份有限公司股东2人以上、能募股、股权转让可在证券交易所进行、股东按一股一票行使表决权、组织机构是股东大会。

领悟人的尊严

有限责任与诚信经营

公司要诚信经营可能有许多不同的动机。公司可能害怕失去信誉而诚信经营，也可能因为诚信而带来利润而诚信经营，也可能出于应该诚信经营而诚信经营。显然，只有最后一种行为是有道德意义的。因为，公司只承担有限责任，以公司所有资产对外债负责，所以，顾客与公司打交道存在风险，顾客与公司发生业务往来就是对公司的信任，是以公司的信誉为前提。因此，公司应该诚信经营。

科学管理与企业竞争力

"加多宝改名,广药也不让?"有"中国第一商标案"之称的王老吉商标争夺战再度升级,加多宝与广药集团昨日再度在法庭上就改名广告语的合法使用权展开唇枪舌剑。在控诉加多宝虚假宣传案中,广药提出"诉中禁令"申请,因被申请人是加多宝和一家位于广州市南沙区的商店,该申请被广州市中院受理,昨日举行了公开听证。

加多宝的广告词为：全国销量领先的红罐凉茶改名为加多宝,还是原来的配方,还是熟悉的味道!

企业如何形成竞争优势？你要不要创新,这句广告词："还是原来的配方,还是熟悉的味道"就必然与改名前的企业产生矛盾。所以,提高企业竞争力,根本在于自主创新与科学管理,让别人心服口服,对你敬佩有加,这岂是通过改名就能轻松实现的。

B19 企业经营成功的主要因素

融入生活世界

柯达公司申请破产保护

事实上,柯达1975年就发明了首部数码照相机。不过,由于担心数码业务可能会冲击当时利润丰厚的胶卷业务,柯达就把这种产品束之高阁。

造成柯达破产的最主要原因是管理层反应迟钝。柯达长期依赖相对落后的传统胶片部门,而对于数字科技给传统影像部门带来的冲击,管理层作风比较

柯达公司申请破产保护

保守,他们满足于传统胶片产品的市场份额和垄断地位,缺乏对市场的前瞻性分析,没有及时调整公司经营战略重心和部门结构,做决策时犹豫不决,从而错失良机。

企业要制定正确的经营战略。一家企业,只有战略定位准确,才能顺应时代发展的潮流,抓住机遇,加快发展。反之,一家企业在战略上定位不准,

就会遭受挫折,甚至导致破产。

提升思维能力

如何提升企业竞争力?

iPhone6硬件供应链结构:手机设计—关键芯片—核心零组件—其他零组件—组装,利润由高到低,手机设计利润最高,而组装利润最低。

苹果供应链主要获利结构:苹果公司利润58.5%,中国大陆工人1.8%。

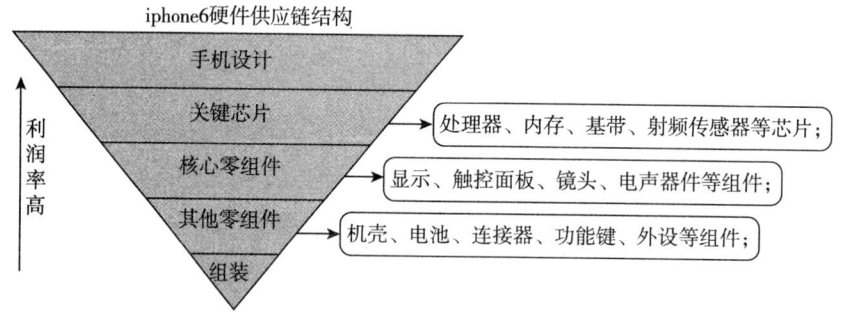

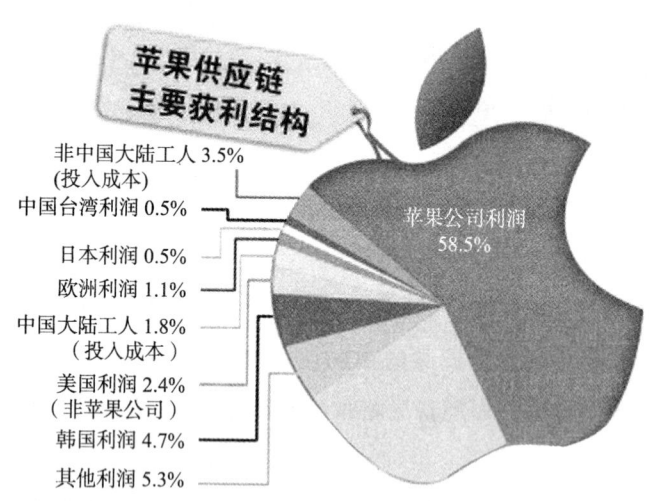

乔布斯的强势性格，不仅体现在苹果内部的产品设计上，还体现在供应链环节，苹果在细节上做到了无缝把控。

一部iPhone手机包含约500个元器件，由上游200余家供应商提供。通常而言，手机在出厂前都会进行黑盒测试，也称功能测试。测试中，程序被看作一个不能打开的黑盒子。在完全不考虑程序内部结构和内部特性的情况下，对软件界面和软件功能进行测试。

与其他厂商"只要交给我符合要求的元器件即可"的思路不同，苹果在管理供应商的过程中遵循一个原则，不允许供应商对它产生任何"黑盒"，苹果必须完全控制手机生产的每道环节，在苹果看来，所有元器件对它而言，必须是"白盒"，苹果要了解每一个元器件的来源、研发、生产、测试等过程。

科通集团是内地最大的IC元器件分销商，基于对IC元器件行业的了解，科通芯城执行副总裁朱继志认为："iPhone的成功在于采用无缝供应链，苹果公司的管理掌控渗透到手机上游所有元器件的开发、生产和制造的过程中，此举让苹果实现了手机技术始终领先市场两年的奇迹。"

据朱继志介绍，苹果会将大量手机工程师下派到元器件工厂，共同开发。"就算富士康只是个组装工厂，但苹果仍派驻了近2 000名工程师。"

对供应链的无缝把控，意味着对成本的严格审核，而这正是苹果利润的真正来源。对供应链的无缝把控的背后是企业的创新能力，即所有的元器件供应商的技术苹果都能掌握，苹果给这些商家的利润是很清楚的，即保证你有钱赚，但绝不是赚大钱，但如果你不做，后面排队等着的供应商会蜂拥而至争抢接单。

领悟人的尊严

追求利润与唯利是图

比尔盖茨：钱对我来说的唯一意义是慈善。

在Telegraph网站的采访中，盖茨这样说："我当然衣食无忧，当财富多到一定程度，金钱对我来说就没用了。我的财富完全是用来构建一个机构，来将资源分配到世界上最需要的地方去。"

显然，盖茨提到的机构指的是比尔和梅林达基金会，该机构利用其掌握的资源帮助消灭第三世界的致命疾病，以及改善美国的教育。截至2012年，基金会的捐赠已高达280亿美元。盖茨表示他95%的个人财富都会进入基金会，并且将在他和妻子去世后的20年内全部捐赠出去。

企业家眼中是不是只有钱？当然不是，如果一个企业家眼中只剩下钱，那么，他的企业生命也快结束了。企业是以营利为目的的经济组织，但从根本上，企业还是人的组织，企业的营利是建立在对民众提供产品和服务基础上的，因此，企业家不仅要追求经济利益，更要有社会责任感。这不是什么口号、宣传，而是渗透于企业生产的每一个环节，渗透于每一个员工心里的。正如盖茨所表示的，他做慈善并没有宗教方面的原因，"是为了人类的尊严和平等。人生而平等，我们希望别人怎么对待自己，就应该怎么对待别人"。

某企业生产的婴幼儿奶粉含有三聚氰胺，酿成重大食品安全事故

道德感受力是指人们在一定的道德情境中对道德原则的感性直观。例如，国内奶粉因添加三聚氰胺导致婴幼儿食用奶粉中毒，而外国企业严格遵守奶粉质量标准，不欺诈顾客，保证奶粉高质量，面对这种情况，我们就会自发做出道德判断，中国牛奶生产企业缺失诚信，昧着良心经营企业，外国人特别是欧美发达国家，国民讲诚信，素质高。当然，这种判断过于绝对，但也反映出国内很多企业存在不诚信的现象。能否用经济学理论对国内企业缺失诚信作深度解读，运用学科知识提升我们的道德感受力呢？我们说，市场经济是以市场来配置资源的，因此，市场价格信息、供求信息、产品质量必须是真实的，否则就会导致资源的错误配置，生产效率下降，经济停滞。因此，搞市场经济必须要求生产经营者诚实守信，市场经济为主的国家一般都有严格的失信惩戒制度。所以，西方发达国家的国民并非天生讲诚信、素质高，而是他们的市场经济历经几百年，形成了较为完善的诚实守信的制度。我国市场经济才经历三十多年，党的十八届三中全会，确定了市场在资源配置中起决定作用，随着社会的发展与进步，我国的诚实守信制度必定会得到进一步的增强。

B20 就业是民生之本

一、融入生活世界

阿里生态创造1 500万直接就业及3 000万间接就业

新浪科技讯　2016年3月21日下午消息,阿里巴巴今日宣布中国零售交易市场2016财年商品即时交易总额(GMV)突破3万亿元人民币,预计财年将超越沃尔玛成为全球最大零售平台。3万亿交易的背后,是创业模式和就业模式的变化。根据研究机构数据显示,阿里电商生态为数百万大学生和年轻人提供了创业机会,带来了1 500万个直接就业机会,以及3 000万个以上的间接就业机会。

首先,电商平台为何能提供如此多的创业机会?

线上创业的低成本和高效率,使得线上创业成功率远超线下。2014年阿里电商平台上共有大学生创办的网店300余万家。在农村,电商也提供了新的创业机会。淘宝过去一年已在全国发展13 000多个村点,每个村点都有村淘合伙人,这带动当地农业等相关产业发展,吸引了大量年轻人返乡创业就业。

其次,电商为什么能创造大量的就业机会?

随着网络经济和电子商务的快速发展,产业链不断延伸,从中涌现出大量新职业,创造出千万量级的就业岗位。阿里研究院2016年3月的研究进一步显示,阿里仅零售商业生态(不包括 B2B、外贸等)带来的直接就业机会已超过1 500万个,其中淘宝、天猫平台上网店提供的就业机会1 100多万个,电商物流领域的就业机会200多万个(其中仅仅与菜鸟网络协同的快递员就达到170万),此外,还有服务商、淘女郎等阿里电商生态"新物种"的就业机会。

第三,阿里电商为什么还能带来大量间接就业机会?

根据2011年发布的中国网购服务市场发展报告,网购中平均1个直接就业可以带动2.85个间接就业。即使保守估算,阿里电商生态带来的间接就业也在3 000万人以上。例如,在电商物流领域,除了快递员,运输、仓储等物流各环节的就业机会年年保持高速增长。

提升思维能力

中国的就业状况

就业是民生之本,是人民改善生活的基本前提和基本途径。

中国有14亿多人口,是世界上人口最多的国家。在中国,解决就业问题任务繁重、艰巨、紧迫。中国政府从亿万人民的根本利益出发,高度重视就业问题。中国政府依据《中华人民共和国宪法》以及《中华人民共和国劳动法》等法律法规,保障劳动者的就业权利,采取各种政策措施积极促进就业,不断满足劳动者的就业需求。

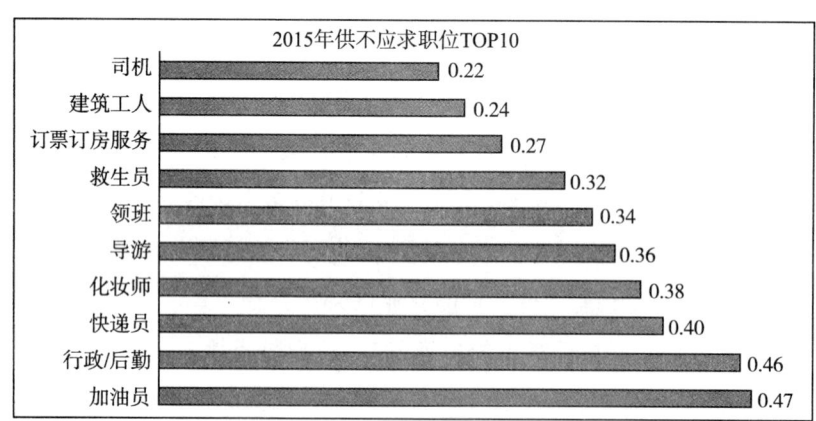

中国政府从国情出发,通过实践探索并借鉴国际经验,制定和实施了一系列积极的就业政策。中国已建立起市场导向的就业机制,计划经济时期形成的企业富余人员问题基本得到解决,在经济发展和经济结构调整中就业规模持续扩大,就业结构逐步优化,就业渠道不断拓宽,就业形式更加灵活,总体上保持了就业形势的基本稳定。

创造就业岗位

当前,随着中国经济下行压力和经济转型压力的加大,带来巨大的就业压力,加上今后几年去产能、去库存的压力也比较大,就业形势可能会比较严峻,国家怎样进一步保障和促进就业?

国家准备了针对五类人的支持政策以及建设三张网,这五类人第一是大学生,包括往届毕业就业遇到问题的和应届毕业大学生;第二是失业、返乡的农民工;第三是困难企业具备再就业能力的职工;第四是困难地区有就业意愿的人员;第五是确实有困难的就业人员,这五类人是我们特别关注的。三张网分别是就业信息网、职业培训网和社会保障安全网,用这三张网来兜住五类人,同时又为广大就业者服务。我想,对于解决就业这个问题,我们也要有信心,最重要的是我们经济的发展创造了更多的就业岗位。

(2016年3月6日人民网)

究竟有哪些因素影响就业?

首先,最重要的是经济发展,即可以通过发展经济扩大就业。保持国民经济平稳较快的发展,并积极调整经济结构,提高经济增长对就业的拉动能力。

第二,服务业的发展可以扩大就业容量。发展社区服务、餐饮、商贸流通、旅游等行业,更多地增加这些行业的就业岗位。

第三,鼓励发展多种所有制经济,拓宽就业渠道。增大私营、个体经济和中小企业就业容量,可以进一步规范和推动中小企业的发展。

第四,发展灵活多样的就业形式,增加就业途径。如:积极发展劳务派遣组织和就业基地,为灵活就业提供服务和帮助。政府制定了非全日制用工、临时就业人员医疗保险等政策,建立相关制度,促进和保障灵活就业人员的合法权益。

第五,劳动者要树立正确的就业观念,靠自己的双手开拓新的生活,展现平凡而伟大的社会主义劳动者的风采。

领悟人的尊严

劳动最光荣

板报

如果你能成功地选择劳动,并把自己的全部精神灌注到它里面去,那么幸福本身就会找到你。——乌申斯基

知识是从刻苦劳动中得来的,任何成就都是刻苦劳动的结果。——宋庆龄

医治一切病痛最好的最宝贵的药品,就是劳动。——奥斯特洛夫斯基

我觉得人生求乐的方法,最好莫过于尊重劳动。一切乐境,都可由劳动得来,一切苦境,都可由劳动解脱。——李大钊

既然思想存在于劳动之中,人就要靠劳动而生存。——苏霍姆林斯基

劳动可以使身体得到休息,劳动可以使精神得到休息。——俾斯麦

美德在劳动中产生。——欧里庇得斯

人在自己的劳动中创造自己并理解劳动的美。——苏霍姆林斯基

劳动是生命的法则,也是它最美的果实。——莫里斯

劳动和享乐这两个本质上截然不同的东西被一种自然的联系结合在一起。——李维

天才就是劳动,人的天赋就像火花,它可以熄灭,也可以燃烧起来,而逼它燃烧成熊熊大火的方法只有一个,就是劳动再劳动。——高尔基

劳动能唤起人的创造力。——列夫·托尔斯泰

劳动是人的存在方式,劳动创造了人本身。某种程度上可以说,一个人

的价值量可以体现为他创造的财富减去他消耗掉的财富后余下的部分。劳动不仅创造财富,而且有益身心,劳动改造我们的世界观!

就业是民生之本,对整个社会生产和发展具有重要意义。就业使得劳动力与生产资料相结合,生产出社会需要的物质财富和精神财富。劳动者通过就业取得报酬,从而获得生活来源,使社会劳动力能够不断再生产。同时,劳动者的就业有利于其实现自身的社会价值,丰富精神生活,提高精神境界,从而促进人的全面发展。

C21 树立正确的就业观

融入生活世界

我国劳动力市场的结构性矛盾

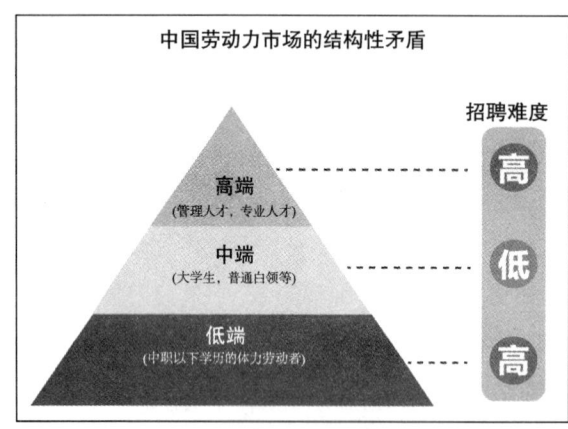

随着产业升级和社会转型加剧，市场对人才结构的需求发生明显变化，直接导致人才市场出现"纺锤形"结构性失衡。即中高级管理人才和专业人才供不应求，蓝领技工和服务人员供不应求，但处于中端的大学生和普通白领出现供大于求的情况。

有人认为，21世纪是脑力劳动的时代，而不是低层次的体力劳动的时代。这个观点不正确。其实，在我们社会主义国家，劳动没有高低贵贱之分，只是社会分工的不同。如果一个高层次人才，饭没有人做，衣服没有人洗，小孩无人照顾,他的工作会受到很大的影响,无论是对他自己未来的发展,还是对社会的进步都没有好处。如果农村剩余劳动力到城市能做保姆,不仅自己获得收入,而且也对社会做了力所能及的贡献。高科技人才所做的贡献是为全体社会成员服务的,保姆用的手机可能就是这个高科技人才开发的,我们这个社会是一个"我为人人,人人为我"的社会。

提升思维能力

树立正确的就业观

甲具有职业平等观,但没有竞争就业观和自主择业观。

乙只看到政府创造更多就业岗位的责任,但没有意识到劳动者要树立正确的就业观念,靠自己的双手开拓新的生活。

丙具有一定的竞争就业观,但没有树立职业平等观以及多种方式就业观。

丁的观点具有自主择业观和竞争就业观,但没有多种方式就业观以及职业平等观。

所以,正确的就业观有四个方面的要求,要树立:自主择业观(根据个人的兴趣、专长和条件,自主选择职业);竞争就业观(通过劳动力市场竞争,劳动者要提高自身技能和素质,主动适应劳动力市场的需求);职业平等观(三百六十行,行行出状元)和多种方式就业观。积极谋求自主创业,靠自己的双手开拓生活。自主择业观、竞争就业观、职业平等观、多种方式就业观,这四种观点具有内在的张力。自主、竞争倾向于个人价值追求;平等、多样倾向于社会价值。另外,个人择业观与政府的积极就业政策也存在内在张力,乙的观点就体现了这一点。

领悟人的尊严

谈谈你对"行行出状元"的看法

有些同学会用一些不恰当的例子来说明"行行出状元"。比如,有个擦皮鞋的,后来开了好几家连锁店,自己做了老板,不再擦皮鞋了;某大亨以前是个拉黄包车的;某局长以前是个穷教书的;等等。这些例子重点并非在证明"行行出状元",而是在证明一个成功人士都是从最底层、最基础的工作开始做起,一步一步走向成功的。"行行出状元"不是个人的奋斗史,而是一个道德命题。"行行出状元"不仅仅指手艺是"状元",更指向人的优良品德。一个人从事一种在别人看来"丢面子"的工作,他需要直面两个问题:"怎样建构积极的、合目的性的价值意识,以及这种自我价值意识如何与外部世界的价值取向达成综合统一。"也就是说,他首先要不把别人认为"丢面子"的工作看作是丢面子的事;其次,他还要通过行动证明,这不是丢面子的事。这两个问题的回答都需要高尚的道德品质的认识和践行。

鲁洁教授认为:"生活世界并不是一个自在自足的纯粹经验领域,它必然趋向于一种自觉的意义探寻,这种意义的探寻和主体在生活中与不断生成的生存需求、自我超越相互关联。"如果一个人不热爱这份工作,他是干不出"状元"来的。因此,"行行出状元"意味着在平凡岗位上做出业绩的人肯定是热爱这份工作的。为此,他要突破已有的消极被动的认知方式,挖掘人本性潜隐的积极主动的认知建构意识,自主地感知这份工作内在的积极价值意识。比如,他首先必须意识到从事的工作虽然脏点、累点,但收入不错,能维持家庭生活和孩子上学。然而,如果更进一步,他遭遇到别人的不友善,他还能热爱这份工作吗?这就需要他把对这份工作的价值意义扩展到更大的范围,而不是局限在自我或家庭的利益,也就是更高尚的道德给予生活的意义。比如责任感:因为我的工作,单位环境变得很清洁;人们在洁净的大街上行走,我很惬意,因为街道是我打扫的。在价值意识基础上会产生有意向性的行动,快乐的情绪、高兴的表情、充满愉悦的动作,不仅会进一步增强这种价值意识,而且也能传递这份工作的愉悦。德育就是要培养我们能正确理解自我与世界的关系,体验到自我发展优良品德生长的主动性,能够建立积极乐观的生活态度,使人能够在平凡的岗位中追求幸福。所以,对"行行出状元"的认同不能只是表面上的认同,即认为各行各业都可以做出出人头地的业绩,而是要体验到平凡岗位上的业绩是有高尚道德支撑的。

A22 我国劳动者依法享有的权利

融入生活世界

不能以"临时工"为名侵害劳动者合法权益

针对众多劳动者所反映的用人单位以"临时工"为由,迟迟不与劳动者签订劳动合同,不为劳动者上任何社会保险等行为,《劳动法》施行后,所有用人单位与职工全面实行劳动合同制度,各类职工在用人单位享有的权利是平等的。因此,过去意义上相对于正式工而言的临时工名称已经不复存在。用人单位如在临时性岗位上用工,应当与劳动者签订劳动合同并依法为其缴纳各种社会保险,使其享有有关的福利待遇,但在劳动合同期限上可以有所区别。用人单位不能以招用的是临时工为借口,侵害劳动者的劳动保障权益。

用人单位的哪些行为是属于侵犯劳动者合法权益的?

① 不与劳动者订立书面劳动合同;

② 随意延长工时或不安排劳动者休息；

③ 克扣或拖欠劳动者工资；

④ 工资低于最低工资标准；

⑤ 未依法缴纳养老、医疗、工伤等社会保险费；

⑥ 扣押劳动者证件，要求劳动者提供担保或者以其他名义向劳动者收取财物；

⑦ 节假日不依法安排劳动者休假；

⑧ 强令劳动者违章冒险作业；

⑨ 发生工伤或安全事故不及时向有关部门申报。

提升思维能力

案例分析

朱某与某建筑队签订了一份劳动合同，合同规定合同期间"工伤自理"。在合同期内，朱某在施工时不慎从高处坠落，致使左大腿骨折，腰部严重受伤。该建筑队给了朱某300元钱，明确表示该建筑队以后再无需负责任。朱某住院治疗40多天，花费2 000多元，由于生活极度困难，无奈中朱某与其父到律师事务所咨询，遂向劳动争议仲裁委员会提出申诉。仲裁委员会经过调查认为：朱某与建筑队签订的劳动合同属无效合同，合同中"工伤自理"的条文违反有关法律法规的规定。经过调解，双方达成协议，建筑队报销朱某工伤治疗的一切费用；发给其工伤期间3 000元工资及部分生活补助；负责一年后第二次手术的全部费用；待医疗终结后，根据劳动鉴定委员会的工伤鉴定情况另作处理。

本案中的劳动合同，其"工伤自理"等条款对劳动者的合法权益造成严重侵害；而当事人法律观念淡薄，缺乏自我保护意识。

另外，劳动争议仲裁委员会调解后双方达成的协议中规定：待医疗终结后，根据劳动鉴定委员会的工伤鉴定情况另作处理。这里强调了一个重要的问题，即工伤鉴定权属于劳动行政部门，由劳动鉴定委员会具体执行。仲裁委员会在处理工伤争议时,如遇有工伤鉴定问题,应提交劳动行政部门的有关机构予以鉴定,然后再依据鉴定证明书和有关法律规定处理争议。

相关知识:劳动者维权不要错过的几个时限

一、申请劳动争议仲裁的时限——1年,自劳动争议发生之日(当事人知道或应当知道自己权利被侵害之日)起计算;但劳动关系存续期间因拖欠劳动报酬发生争议的,劳动者申请仲裁不受上述时效期间的限制。

二、不服仲裁裁决,提起诉讼的时限——15日,自收到仲裁裁决书之日起计算。如未在上述期限内起诉,期满裁决书发生法律效力。

三、直接提起行政诉讼的时限——3个月,自知道作出具体行政行为之日起计算。

四、劳动者申请工伤认定期限——1年,用人单位未在事故伤害发生之日或被诊断、鉴定为职业病之日起30日内提出工伤认定申请的,工伤职工或者其直系亲属、工会组织可在事故伤害发生之日或被诊断、鉴定为职业病之日起1年内,直接向劳动部门申请工伤认定。

看看湖南省平江县的工人们是怎样在悬崖峭壁上建设栈道的

悬崖边建设栈道

工人们需要在海拔近400米的悬崖边高空作业。工人们在完全没有安全措施的情况下,站在薄薄的木板上,依靠自身的平衡修建道路。工人们背着沉重的木板,推着满载混凝土的推车,穿过搭建在几百米高空的木板路运输修路所需的材料。

湖南省平江县的官员在悬崖绝壁上建设栈道以吸引游客,从而借此来促进当地旅游业的发展。但殊不知,修栈道的工人在几百米高的悬崖上作业时却没安全保障,用人单位没有提供安全绳,工人只能靠木板、手推车和生锈了的脚手架等简陋工具开展工作。用人单位的这种行为是违法的,违反了劳动安全法,工头老板是要吃官司的。地方党委和政府要规范和协调劳动关系,依法维护劳动者合法权益,着力消除劳动安全隐患。

领悟人的尊严

社会主义制度的本质要求

2012年2月9日上午10点左右,朱先生拨打本报热线电话反映说,有一个人现在坐在青岛20米高的塔吊顶上要讨薪。10点20分左右,记者赶到现场,远远看到20米高的塔吊顶上,有个人正坐在那里,他下面还挂着一个横幅,上面写着几个大字——"还我血汗钱"。

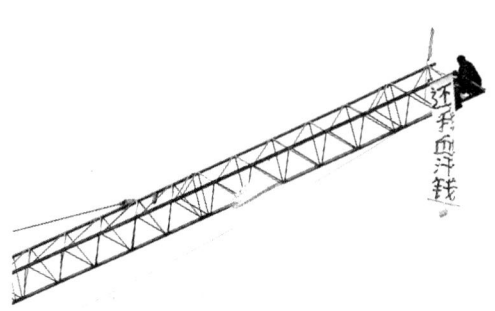

民工爬塔吊讨薪

高空中,呼呼的寒风吹得横幅像涨满的风帆,由于忍受不了寒冷,男子时不时地用手捶着自己的腿,最后干脆把横幅卷了起来。但即使如此,执着的他还是不肯下来,在高空中一直喊着,我要现金,给我拿现金来。最后,看到同伴抱着一袋东西从工地出来后,他才从塔吊上爬了下来。

如何维护劳动者权益?

从劳动者层面,劳动者要:

① 自觉履行劳动义务;

② 依法签订劳动合同;

③ 增强权利意识和法律意识;

④ 当自己的权益受到侵害时,可以通过投诉、协商、申请调解、申请仲裁、向法院起诉等途径加以维护。

从国家层面看,人民当家做主是社会主义制度的本质与核心。实现和维护劳动者权益,维护和实现社会的公平与正义,是社会主义制度的本质要求。

A23
◎ 我国商业银行的主要业务 ◎

融入生活世界

急用钱,怎么办?

维达纸巾股份有限公司想扩大企业规模,增建一间厂房,但公司最近开支较大,没有流动资金,公司能通过什么方式筹集资金?最方便的方式是向商业银行贷款。

你认识哪些商业银行?

中国的商业银行主要包括:

5家大型国有商业银行:中国工商银行、中国农业银行、中国银行、中国建设银行、交通银行。

12家全国性中小型股份制商业银行:招商银行、浦发银行、中信银行、中国光大银行、华夏银行、中国民生银行、广发银行、兴业银行、平安银行、恒丰银行、浙商银行、渤海银行。

此外还有133家城市商业银行和约302家农村商业银行(另有多家正在筹建,所有农村合作银行均要改制为农村商业银行),外加邮政储蓄银行。

截至2013年10月末,全国共组建村镇银行超过1 000家,已实现全国31个省份村镇银行的全覆盖,全国1 880个县市的覆盖面超过50%,中西部地区组建620家,占比62%。

提升思维能力

商业银行利润从何而来?

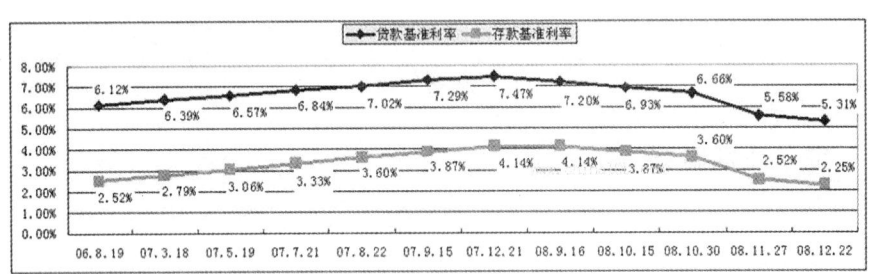

一般情况下,贷款基准利率远高于存款基准利率,存贷款利率的差额是商业银行利润的主要来源。

存款有利息,是否表明存款没有风险?

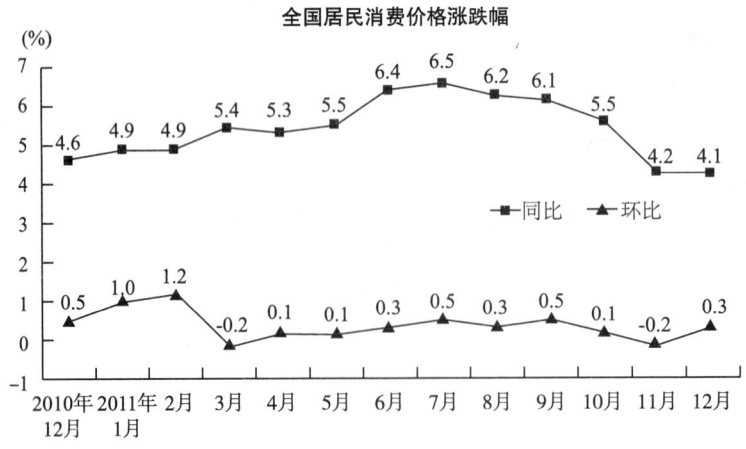

银行	活期	三个月	半年	一年	二年	三年	五年
中国银行	0.35	2.35	2.55	2.75	3.25	3.75	4
建设银行	0.35	2.35	2.55	2.75	3.25	3.75	4
农业银行	0.35	2.35	2.55	2.75	3.25	3.75	4
工商银行	0.35	2.35	2.55	2.75	3.25	3.75	4
交通银行	0.35	2.35	2.55	2.75	3.25	3.75	4.00
招商银行	0.35	2.35	2.55	2.75	3.25	3.75	4.00
民生银行	0.385	2.55	2.75	3	3.65	4.4	4.6
浦发银行	0.385	2.5	2.75	3	3.4	4	4.1
中信银行	0.385	2.5	2.75	3	3.41	4.125	--
华夏银行	0.385	2.52	2.76	3	3.41	4.125	4.5
渤海银行	0.455	2.73	2.99	3.25	4.03	4.875	5.225
南粤银行	0.42	2.52	2.99	3.25	3.72	4.5	5.225

央行降息后部分银行最新利率（单位:%，具体数据以官网公布为准）

存款利率如果超不过 CPI（物价上涨指数），实际上是负利率。比如，一年期存款利率为 3%，即 100 元存一年，本息为 103 元，如果物价同比上涨 5%，则去年 100 元的商品，今年涨到 105 元，也就是说，把钱存入银行去年能买到的 100 元商品，今年要花 105 元才能买到，而本息为 103 元，还要倒贴 2 元才能买到。

央行再降"双率"，为什么楼市面临转机？

利率、存款准备金率是重要的货币政策。

利率高→紧缩银根→紧缩性的货币政策，反之，贷款利率下降，减轻购房的贷款利息负担；准备金率提高→紧缩银根→紧缩性的货币政策，反之，存款准备金率下降，银行有更多的钱用于贷款。

领悟人的尊严

存款储蓄是不是越多越好？

并不是越多越好，储蓄过多有其有利的一面，但也有其不好的一面。首先，从原因角度来看，储蓄过多，一方面，表明社会经济发展带来的收入增加；另一方面表明社会保障体系不健全，或者投资渠道狭窄，人们缺乏安全感，愿意把钱存起来。

从影响角度来看，储蓄过多，一方面，形成资本，为经济发展的基础；另一方面表明消费不足，难以拉动经济发展。

非法吸收公众存款罪

为什么会出现非法集资、非法融资的现象？

一方面银行存款利率低，储户利润收益少；另一方面企业融资难，为非法融资提供了温床。非法融资的高额回报极有可能是诈骗。

中国刑法第一百七十六条所规定的非法吸收公众存款罪是指：违反国家金融管理法规非法吸收公众存款或变相吸收公众存款，扰乱金融秩序的行为。

企业正常生产经营活动需要资金时，往往需要吸收单位或亲朋以外不特定对象的存款，实践中由于对亲朋的法律界定本来就比较模糊，行为人因为一时的资金短缺，没能及时归还所吸存款，就有可能构成该罪而被刑事处罚。事实上绝大多数中小民营企业都有过民间借贷的经历，非法吸收公众存款罪显然已经不适应经济法发展的需要。企业特别是中小民营企业的发展需要资金，而金融机构却不能及时满足其需要。为了允许民间资本进入金融领域，并使其公开化和规范化，日前国务院决定设立温州金融改革试验区。

央行放开利率管制利率市场化改革基本完成

中国人民银行

2015年10月24日起，央行下调金融机构人民币贷款存款基准利率和存款准备金率，另对商业银行和农村合作金融机构等不再设置存款利率浮动上限。

"存款利率央行不再管制，是改革非常关键的一步。"之所以选择目前的时机，是因为："国际国内实践都表明，存款利率市场化改革最好在物价下行、降息周期中进行，这样存贷款定价不易因放松管制而显著上升。当前，我国物价涨幅持续处于低位，市场利率呈下行趋势，为放开存款利率上限提供了较好的外部环境和时间窗口。"

在利率市场化改革初期，没有了上限管理，可能导致有些定价上行，如此，配合降息周期，可以部分对冲，甚至完全对冲，缓解短期利率可能出现上行的压力。利率市场化是让市场在资源配置中发挥决定性作用,有利于提高资本的使用效率,实现资源的优化配置。另一方面,有利于储户选择利率较高的商业银行,使储户获得更多的利息收益。对商业银行来说,有利于商业银行制定正确的经营战略,提高自主创新能力,形成竞争优势,向储户提供更好的服务。

B24
◎ 储蓄存款、股票、债券、商业保险等投资理财方式 ◎

融入生活世界

三个突发事件

① 银行利率上调

存款利率上调了,你打算改变自己的理财方案吗?利率的变化会不会影响到股票?

股息=股价×利率;股价=股息÷利率。股价与利率成反比,利率上涨,股价下跌。利率上升时,一部分资金从投向股市转向到银行储蓄和购买债券,从而会减少市场上的股票需求,使股价出现下跌。反之,利率下降时,储蓄的获利能力降低,一部分资金就可能回到股市中来,使股价上涨。

② 企业发展出现利好

海外并购,公司预期向好,你是否打算多购买些这家公司的股票?

股票是一种高风险高收益的投资方式。股票投资的收益包括两部分,而每一部分都存在风险。一部分是股息或红利收入,它来源于企业利润。企业盈利才能分红,如果公司破产倒闭,股东不但不能获得收入,反而要赔本。股票投资的另一部分收入来源于股票价格上升带来的差价。由于股票价格要受到诸如公司经营状况、供求关系、银行利率、大众心理等多种因素的影响,其波动有很大的不确定性。高风险高收益的股票,投资者需谨慎购买。

③ 国家发行国债

国债和企业债券如何选择?

2015 年国债发行时间及利率

品种	期限(年)	票面利率	发行时间	付息方式
凭证式	3	4.92	3月10日	到期一次还本付息
凭证式	5	5.32	3月10日	到期一次还本付息
电子式	3	4.92	4月10日	到期一次还本付息
电子式	5	5.32	4月10日	到期一次还本付息

某大型国有企业发行七年期债券。W 市地铁集团有限公司是经该市政府批准成立的大型国有独资企业,该公司发行 20 亿元七年期企业债券,所筹资金用于 W 市轨道交通四号线一期工程项目建设。这也是该市首次为地铁建设发行企业债券。票面年利率为 6.99%。

债券的收益比储蓄高,风险比股票小。国债的收益比企业债券的收益低,但风险也比企业债券低。两种债券各有优缺点,如何选择也要因人而异。

提升思维能力

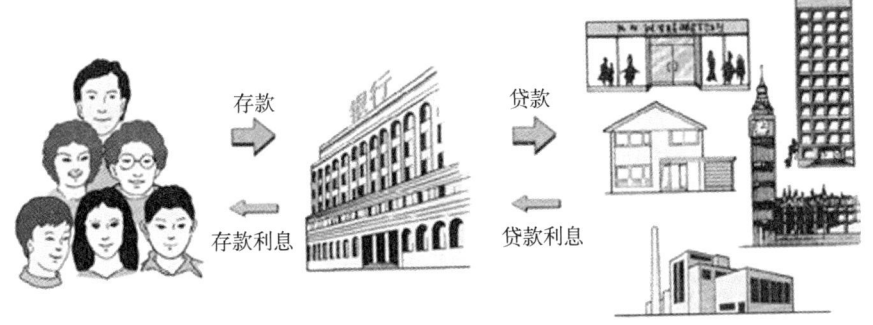

存款储蓄的利息少得可怜，是否表明企业用投资者的钱所赚的利润本身就不多？

因为所赚的利润经过了两次盘剥：一次是企业的盘剥；一次是银行的盘剥。企业承担自负盈亏的风险，当然不可能把赚的钱都给银行；银行冒着企业经营不善带来的还款违约的风险，当然也要留一部分利润，到你手中的时候，利息已经少得可怜了。

能不能把钱直接借给企业，绕过银行的盘剥？当然可以，不过没有了银行这个"玩钱"的能手给你把关，你借给企业的钱风险就大了。而且，企业要还本付息时，即使赚的多，也只是按照事先约定的利息给你，所以，虽然你只经受企业的一次盘剥，利息一般要比银行高得多，但风险加大了。其实，不仅企业向你借钱，银行等金融机构也会向你借钱，甚至，国家也会向你借钱。哪一种风险大？把钱借给赚钱的企业，或是借给"玩钱"的银行，还是借给"印钱"的国家？哪个安全？不言自明。当然，安全性越高，收益性也就越低。

能不能做到企业赚多少我就拿多少，也就是说，我的钱所赚的利润全归我，没有一次盘剥？那你就是企业的主人，股东！当然作为主人投资的钱是不可以撤回资金的，只能转卖你的股票。如果企业经营亏本了，资不抵债了，也得先偿还债务。借债还钱，天经地义，企业的资产还债都不够，只能申请破产，你所有投入的钱自然是血本无归。

领悟人的尊严

投资也是一种道德行为

投资不仅是一种经济行为，也是一种道德行为。投资意味着将满足自己家庭生活之外的多余资源用于社会再生产，投资能够使社会财富增值、经济增长、人民生活水平提高。将多余的资金闲置就是资源的闲置或浪费，所以将多余的钱不用于投资就是对资源的浪费。教材介绍了四种投资方式：存款储蓄、股票、债券和商业保险，每种投资方式都有其内在的道德法则。一个人所决定的投资方案既体现了他对资金收益的预期，也体现了他对道义的担当。

存款储蓄的收益小、风险也小。银行拿着储户的存款、贷款给了企业,企业拿着储户的钱挣了很多钱,企业将挣到的钱分一部分给银行,银行再分给储户一部分。储户所获得的利息只是企业利润中很少的一部分。因此,选择存款储蓄既是对银行、企业所承受风险的公正认可,也有对自己因承受风险小而甘于收益少的诚实与仁义。

选择高收益、高风险的股票。既有将自己的钱投给哪一家企业所需要的判断力和洞察力的智慧,更有自己因享受了股息与红利就应该对企业的经营成败承担责任的坚毅与英勇意识。

选择购买国债既有支持国家耗资巨大的建设项目的"义",也有对中央政府的经济政策和国家经济发展的"信"。

选择商业保险既有风险没有发生时自己无收益的感恩与自己的钱资助了发生风险家庭的仁爱,也有风险发生时,自己对家庭的责任担当与对亲人的挚爱关怀。

所以,投资理财不单是"钱生钱"的经济利益,更是自我道德意识的觉醒。当对未来生活做出决策时,道德意识就上升为道德需要,自觉主体的自我决定必须兼顾个体与他人和社会的关系,以及对他人和社会产生的影响,此时,人作为道德主体才得以生成和彰显。教育不仅仅是传授知识、培养能力,更重要的是为了人的品德的优秀。至此,教育才能帮助学生确定自己合宜的需要,选择并努力获得富有道德意义的生活方式。

A25
◎ 按劳分配的基本内容和要求 ◎

融入生活世界

张先生一家人,每个月所获得的收入是按什么分配方式取得的?

张先生一家五口,每月总收入 23 000 元。

张先生之父是国有企业工程师,月工资 6 000 元;(按劳分配)

张先生之母是外资企业的普通职工,月工资 1 000 元;(按劳动要素分配)

张先生本人是小私营企业的老板,月利润 7 000 元;(按资本要素分配)

张先生之妻是一外资企业的经理,月收入 6 000 元;(按管理要素分配)

张先生之妹开了一个小商店,月收入 3 000 元。(按个体劳动者劳动所得分配)

提升思维能力

人民公社的生产与分配

1958年，全国农村开展了人民公社化运动，"大跃进"成了那时的主旋律。在公社化运动中，各村生产队都成立了公共食堂，"吃饭不花钱"的宗旨得到空前发展，很多地方宣布人民公社为全民所有制，并试点"向共产主义过渡"。但这一试验型的"共产主义大锅饭"没过两三年便宣告终结。那时武清县（现为武清区）各村队也普遍办起了"吃饭不花钱"、一日三餐集体"统做统吃"的大食堂。图为1958年11月，武清县大顿邱公社某大队的食堂里，社员们正在吃早饭的情景。

生产资料所有制是"一大二公"，盲目提高生产资料公有化程度，严重脱离了当时农业生产力水平。分配形式是"一平二调"，实行平均主义和无偿调用，完全违背了按劳分配原则。

公有资产面前人人平等，任何人都不得利用公有资产为个人谋私利。生产资料公有制，人们一同生产劳动，假设每个人都尽其所能，做了力所能及的事，从道义上，大家应该平均分配消费品。这应该是理想主义色彩的，是浪漫主义的想象。但这里有两个现实因素被高估了：一是生产力水平，当时农业生产收成并不能保证每个人都可以放开肚皮吃饱；二是人们劳动的热情程度，或者说是道德水准。干好干坏一个样，多数人出工不出力，上工磨洋工，严重挫伤农民的生产积极性,生产力遭到很大破坏,给农业生产带来灾难性后果。

理论上讲,"天生我材必有用",人的才能各不相同,都可以为社会做出各自特有的贡献。当然,这也是需要条件的,首先社会生产力极大提高,人的才能得到自由充分的发展,但现实可能是个体工作更多地服从社会的需要,不同才能的人干同一种工作,势必出现劳动数量与质量的差异,以这种差异作为分配的依据有其合理性,当然也存在历史局限性。而理想的共产主义社会应该是各尽所能,按需分配。

领悟人的尊严

多劳多得,我劳动,我光荣

面对公有资产,人人应平等,不应该有人享有特权,即使是管理者也是普通劳动者,不可以以公有资产谋私。人们的收入差距是由自身的劳动能力造成的。我劳动,我光荣,我多得,是因为我多劳。

人与人之间的劳动能力究竟有多大的差异?

人与人之间的劳动能力究竟有多大的差异?就具体的某项工作而言,比如,教师行业,都是经过国家高等教育选拔出来的,经历专业技术考核的,每个人都有自己的特长。但总体上,人的劳动能力大致相当,差距不大,极差的与极优秀的肯定是极少数,所以,大部分人劳动差距不大,社会成员的劳动能力结构呈纺锤状,也就是说,按劳分配人们的收入差距不应该悬殊,除非你动用了公共资源为个人谋私利了。比如,通过表面上的工程招标,暗地里把工程给了"自己人"了,这是违规甚至违法的。

让全国人民共享改革开放的成果

理论上讲,全民所有制企业(国企),其资产是全国人民共同所有,所获利润归全国人民。国企员工不可以"近水楼台先得月",占有全国人民的资源来为部分人谋利益。国企改革应引进民营资本,民营资本赚多少钱,理论上国企就得向全国人民交多少利润。

A26
◎ 健全生产要素按贡献参与分配制度的意义 ◎

融入生活世界

生产要素的多样性决定了按要素分配形式的多样性

按劳动要素分配。按劳动要素分配主要存在于私营企业和外资企业,并与劳动力市场相联系。在私营企业和外资企业的劳动者,他们将自己劳动力的支配使用权在一定时期内转让给企业,所得的工资实质上是劳动力的价值或价格。

按资本要素分配。如通过存款、债券、股票等获得的报酬形式,有利息、股息或红利等,也包括居民个人所拥有的私有住宅和某些固定资产出租所获得的租金报酬。在我国的私营企业、股份制企业和外商投资企业,按资本要素分配是指资本所有者凭借其投入的资本获取利润的分配关系。

按技术要素分配。科学技术是第一生产力,技术改进能提高企业的劳动生产率,在市场中保持竞争优势,因此,可以技术入股,专利获益。

按管理要素分配。企业管理层的正确决策能规避和化解企业经营的风险,也能及时捕捉市场提供的机遇而产生可观的收益。市场瞬息万变,风险难以避免,机会稍纵即逝,决策管理层这种规避市场风险,捕捉市场机会的能力也要求在收入上有所体现。

个体劳动者的劳动收入。在个体经济中,劳动者既是生产资料的所有者,又是直接的生产者,生产以自己的劳动为基础,生产经营收入是自己创造的,因而是劳动收入。但由于影响个体劳动者收入的因素,从自身来讲,既有其直接生产劳动状况,又有生产资料的占有情况,因此,个体经济中的劳动者收入既是一种劳动收入,又是一种资产收入,具有二重性。

提升思维能力

工人拥有劳动力,资本家拥有生产资料,社会财富究竟是谁创造出来的?

马克思的《政治经济学》中"不变资本"是指在剩余价值生产过程中转变为生产资料的那一部分资本。生产资料在生产过程中,只是将其价值转移到产品中去,不改变原有的价值量,故购买生产资料的那部分资本称为"不变资本"。"可变资本"是资本家用于购买劳动力的那一部分资本。劳动力在使用过程中,不仅能够创造出补偿劳动力价值的价值,而且能创造出剩余价值,使资本增值。

将资本划分为不变资本和可变资本两部分,阐明了资本家占有的剩余价值并不是由其垫支的全部资本创造的,更不是由其中的不变资本创造的,而是由可变资本,即工人的劳动力创造的,从而揭示了剩余价值的真正来源,进一步揭露了剩余价值形成的实际过程,使剩余价值理论更加完善和科学。

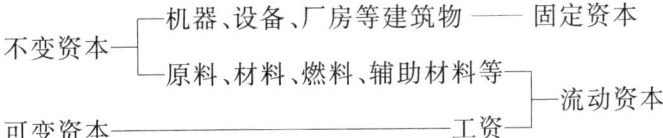

在西方经济学中,没有可变资本和不变资本的划分,资本家的利润被看成是所有资本共同带来的。

从创造财富的要素看,一方面,不变资本也在创造财富中做出了贡献,不然,工人的劳动就处于"巧妇难为无米之炊"的境地。另一方面,私营企业主的决策、管理也在创造财富中做出了贡献,因此,健全生产要素按贡献参与分配的制度,是对市场经济条件下各种生产要素所有权存在的合理性、合法性的确认,体现了国家对公民权利的尊重,对劳动、知识、人才、创造的尊重。这有利于让一切创造社会财富的源泉充分涌流,增加居民收入,推动经济发展,是社会主义市场经济的客观要求。

从揭示资本的剥削关系来看,资本家剥削工人创造的剩余价值,社会主义市场经济承认生产资料在财富创造中有着各自的贡献,体现了对马克思主义的新发展。

按劳分配中的劳动数量、质量与按生产要素分配中的劳动要素有何区别

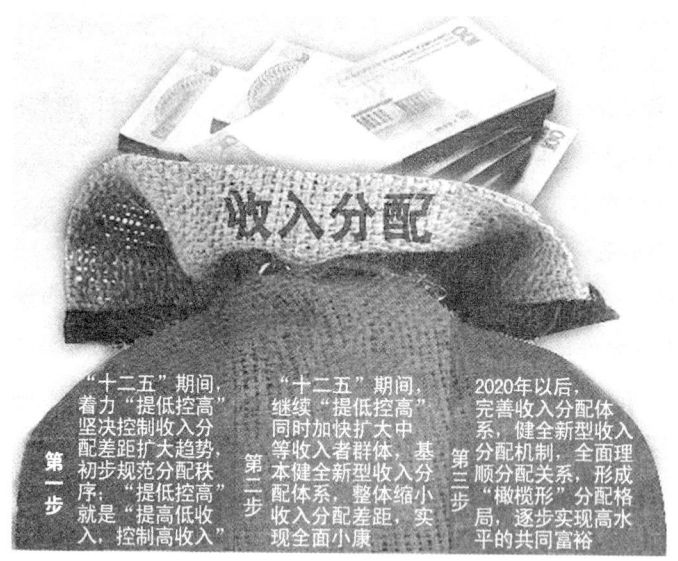

公有制下是按劳分配,人们收入差距不大,除了通过自己的劳动力所获得的人,其他都是公家的。技术、管理才能都是劳动能力,在公有资产面前大家都是普通的劳动者。按生产要素分配,除劳动力(能干活)之外,个人还有技术专利、管理能力,这些都能创造财富。为什么要这么细分?因为,生产要素属于不同的所有者,他们按自己所拥有的生产要素参与分配,需要细分出资金、房屋、土地等生产要素,劳动者的不同劳动能力也细分出劳动、技术、管理等要素。区分出不同要素,更能清楚地看出不同要素做出的贡献大小,显然,只按生产要素分配导致的客观结果是社会成员收入差距拉大。

领悟人的尊严

把按劳分配与按生产要素分配结合起来,鼓励资本、技术等生产要素参与收益分配

生产要素所有权决定了该要素所有者的收益权。生产要素主要包括:劳动、技术、人才、资本、管理、土地、房屋等。按各种生产要素在价值形成中所做的贡献进行分配是由于劳动、资本、土地等生产要素在价值形成中都发挥着各自的作用,所以,社会主义制度下的工资、利息和地租,不过是根据劳动、资本、土地等生产要素所做的贡献而给予这些要素所有者的报酬。

按生产要素分配,是市场经济的内在客观要求。实行市场经济,就是要以市场为基础,通过竞争性的价格机制,实现对资源的优化配置。

只要是存在非劳动要素的所有权,这种权力就应该有其对应的经济利益形式,只要是在市场经济条件下,要素的所有者对其经济利益的关心就会成为优化配置资源的一种动力。从这个意义上讲,按生产要素分配的合理性根源于市场配置资源的内在要求,非劳动要素在其生产活动中发挥了不可或缺的作用,既然参与了生产过程,并且是不可或缺的,就应获得一份收入。但生产要素在生产过程中的作用不是获得收入的理由,真正的理由是这种要素的所有权。

所以说,健全生产要素按贡献参与分配的制度,是对市场经济条件下各种生产要素所有权存在的合理性、合法性的确认,体现了国家对公民权利的尊重,对劳动、知识、人才、创造的尊重。

B27
◎ 收入分配公平的要求、意义及促进收入分配公平的举措 ◎

融入生活世界

招聘启事对比

南京珠江路百脑汇电脑城招聘推销员,推销中学生学习软件。

A店,要求:会普通话,掌握一定的电脑知识。报酬:50元/天。

B店,要求:会普通话,掌握一定的电脑知识。报酬:底薪25元/天,每推销出一套学习软件可抽取10元佣金。

思考一:如果你是老板,你会采取哪种招聘启事?为什么?

采取B店的做法。能提高员工的工作效率。

思考二:如果你是应聘者,你更愿意到哪家店工作?为什么?

到A店。稳定拿工资。

到B店。靠自己的能力,多赚点钱。

你选择在B店工作了一段时间后了解到以下情况:

一套学习软件市场价是500元,其中各方面的成本共300元,经过你的推销,卖到了500元,B店的老板收入200元。你辛辛苦苦推销一套软件才获得10元的佣金,老板的收益是你的20倍。

你认为这公平吗？什么是收入分配公平？

收入分配的公平，主要表现为收入分配的相对平等，即要求社会成员之间的收入差距不能过于悬殊，要求保证人们的基本生活需要。

提升思维能力

承认差距，但不能过于悬殊

古语云，"不患寡而患不均"。改革开放30多年来，中国居民收入大幅增长，但分配失衡的问题也日益凸显。数据显示，内地基尼系数①已激增至0.48，大大超出0.4的警戒线。中国必须对日益加剧的贫富分化说"不"。

1. 为什么平均主义"大锅饭"会导致普遍贫穷？

虽然考虑到生产资料公有制有利于人们经济关系的和谐，但对人们劳动能力差异的蔑视，遏制了社会发展的根本动力，即人类劳动的积极性和创造性。人为的分配制度阻止了社会生产力的发展，最终逃不出历史发展的规律，被历史的车轮碾碎。安徽小岗村村民以身家性命维护了历史规律的尊严。

2. 为什么收入差距不能过于悬殊？

收入差距过于悬殊无法对下列问题做出正确回答：社会主义经济的根本特征是什么？社会主义个人消费品分配的基本原则是什么？人的劳动能力究竟有多大差别？能否以按生产要素分配为主体？收入分配公平是中国特色社会主义的内在要求，有

---

① 基尼系数：在全部居民收入中，用于进行不平均分配的那部分收入所占的比例。基尼系数最大为"1"，最小等于"0"。

助于协调人们之间的经济利益关系,实现经济发展、社会和谐。

3. 收入差距的存在有何合理性?

从分配方式看,按生产要素分配容易导致收入差距加大。然而,按生产要素贡献大小参与分配是有其合理性、合法性的,并有重要意义。因此,我们不能因为按生产要素分配会导致收入差距大而废弃这种分配方式。那么能否以按生产要素分配为主体?不能,因为分配方式是由所有制决定的,我国社会主义经济制度的基础是生产资料公有制。

4. 如何解决收入差距悬殊的问题?

老总拿得最多,职工拿得最少。如何提高职工收入?可以提高最低工资标准。也就是,提高劳动报酬在初次分配中占合理比重,实现劳动报酬增长和劳动生产率提高同步。国家还可以通过提高税收进行调节,例如,提高个人所得税起征点,这样低收入职工就不用缴税了,而高收入者要缴税,税收形成的国家财政收入,可以用来保障低收入者的子女教育、医疗和基本生活保障。

促进收入分配公平的举措有:① 坚持和完善按劳分配为主体,多种分配方式并存的分配制度,为我国实现社会公平、形成合理有序的收入分配格局提供了重要的制度保证。② 增加居民收入,保证居民收入在国民收入分配中占合理比重,劳动报酬在初次分配中占合理比重,实现居民收入增长和经济发展同步、劳动报酬增长和劳动生产率提高同步,是实现社会公平的重要举措。③ 再分配更加注重公平是实现社会公平的另一重要举措。要加大再分配调节力度,着力解决收入分配差距较大的问题。要规范收入分配秩序,保护合法收入,调节过高收入,取缔非法收入。

领悟人的尊严

等量劳动是否应该获得等量的报酬？

不论什么要素参与分配,是否都应该得到等量的报酬？市场经济存在非劳动要素的所有权,非劳动要素按贡献参与分配,导致等量劳动不一定获得等量报酬。

分配原则既关系到个体利益,也关系到社会的公平正义等道德因素。在公有制经济范围内,每一个劳动者在共有财产面前人人平等,任何人都不可以用全民所有的资产为个人或团体谋私利。无论你是管理者还是普通工人,在全民财产面前都是普通劳动者。在生产过程中人们之间的差距只是劳动的数量与质量不同而已,因此在公有制范围内实行按劳分配是公正的。随着我国社会主义市场经济的建设,各种生产要素由市场配置,劳动者个体不仅拥有劳动力,还拥有专业技术、管理才能、资本等生产要素,这些生产要素在市场经济中都能创造社会财富,推动经济发展。因此,在社会主义初级阶段要健全生产要素按贡献参与分配的制度。收入分配公平不是人们的收入相同、没有差别,也不是差别不大或略有差距,而是要求社会成员之间的收入差距不能过于悬殊,要求保证人们的基本生活需要。收入差距的合理性与正义性在于差距给人以激励,使经济具有活力和效率,有利于实现共同富裕。如果收入差距过于悬殊,富有者不能说明巨额资产的合法来源,或者在社会转型期钻了制度的空子成了富有者,那么这样的收入差距就会影响社会稳定,必然会丧失其合理性与正义性。

B28 我国财政的作用

融入生活世界

建设永暑岛

永暑岛是永暑礁上的人工岛。永暑礁是中国南沙群岛的一个环形珊瑚礁,地理位置优越,战略价值高。

中国大陆1987年应联合国要求在永暑礁建立国际海洋观察站,由此开始正式进入南沙群岛区域的管理。经历1988年赤瓜礁海战,中国才稳定了永暑礁形势。

2013年底至2015年4月,中国完成在永暑礁西南陆域(低潮时出水的陆域为"礁陆")上吹沙填海作业,岛陆面积达2.8平方公里。此后建设永暑礁机场。永暑岛将是中国在南沙最大的物资集散中心,需要远距离型大型运输机。

2015年时,永暑礁的岛陆面积仅次于美济礁和渚碧礁的,为南沙群岛第三大岛。

如果将来在永暑礁的中部和东北部也建设人工岛,那么会有永暑群岛。

永暑岛建设是国防需求,是纯粹的非竞争性与非排他性的公共事业,市场无法调节,只能由国家财政来建设。除此之外,水利、电信、交通等基础设施建设,以及老少边穷地区,资本不愿进入的地方,只能由国家来投资建设。

提升思维能力

国家为什么要参与社会财富的分配?

国家为了实现其职能,必须要参与社会财富的分配,取得财政收入。国家职能依靠价值规律是无法实现的。单独由市场来配置资源,资源会往哪儿走?价值规律发生作用的动力源是利润,哪里利润高,资源就往哪儿跑。发达地区资本效率高,资本往效率高的地方流。老少边穷地区赚不到钱,资本不可能去,那里连基本的工业用电、交通都没有,怎么赚钱?那么老少边穷地区就不发展吗?那还有什么全面小康可言呢?怎么办?由国家出资来加强这些地区的基础设施建设。还有一些行业,如基础科学研究,它不是应用性技术,也赚不了钱,但它是应用性科学发展的基础,国家必须花钱做这些事。还有,农业粮价国家要补贴,否则,国家粮食安全就无法保障。以上这些,都需要国家财政的支持。

财政有一个很重要的作用是促进经济平稳运行。经济运行平稳,就要使社会总供给与社会总需求达到平衡。如果社会总供给大于社会总需求,老百姓不肯花钱消费,经济将如何发展?经济会更加滞缓。所以,国家要花钱投资,采取扩张性的财政政策。如果老百姓需求旺盛,国家也加大需求,与老百姓抢东西,经济将如何发展?经济会更加过热,风险加剧。因此,老百姓需求旺盛时,国家要减少财政支出,实施紧缩性的财政政策。

领悟人的尊严

财政的德性

走在宽阔的大街上，你发现"好事"都让国家做了。平整宽阔的柏油马路，便捷廉价的公交，维持交通秩序的红绿灯，公园里的休闲座椅、亭台楼阁、花草树木，路边免费租借的公共自行车，等等。总之，随处可见便利的公共设施。

上述仅仅是城市市民日常接触到的公共基础设施。从社会保障上看，就更显示出财政的重要作用。丧失劳动力的孤寡老人，国家为其提供基本生活保障；遭遇重大疾病而无钱看诊的家庭，国家提供医疗保险；适龄儿童，国家提供免费九年义务教育。

财政的"人性"还表现在国家资金流向的地区和行业上，国家资金不是为了追求利润的，不是与老百姓抢生意做的，而是流向人们最需要资金的地方。这些地方和行业，因市场利润非常低，或回报周期长，没有人愿意投资。比如，很多老少边穷地区资源紧缺、交通不便，国家如果不进行投资，他们永远也没有翻身的希望。因此国家加大投资，筑桥修路，因势利导，发展旅游产业、生态经济，提高居民收入。

最有意思的是，当你生产出来的东西卖不出去的时候，国家花钱买你的东西；当你没钱买东西的时候，国家花钱帮你买东西。比如，我国钢材、水泥、玻璃等建材行业产能过剩，大量的产品卖不出去，工厂要停工，工人工资发不出，怎么办？国家花钱买，国家加强基础设施建设。再不行，走向世界，实施"一带一路"战略。电视机、洗衣机、冰箱、空调等产品卖不出去，农村有很大市场，但农民收入不高，舍不得买，国家采取"家电下乡"政策，实施家电价格的17%的补贴，国家花钱帮你买。从生产厂家来看，国家是促进经济发展，从消费者角度看，国家财政能提高人民生活水平。

A29 财政收入的来源

融入生活世界

政府卖地进账 4 万亿

领导,咱今年卖地,明年卖啥?明年没有地卖了,那么财政收入就会大幅缩水。什么是组成财政收入最理想的形式呢?

税收,是国家组织财政收入最普遍的形式,也是财政收入最重要的来源。

提升思维能力

影响财政收入的因素

影响财政收入的因素很多,其中主要是经济发展和分配政策。

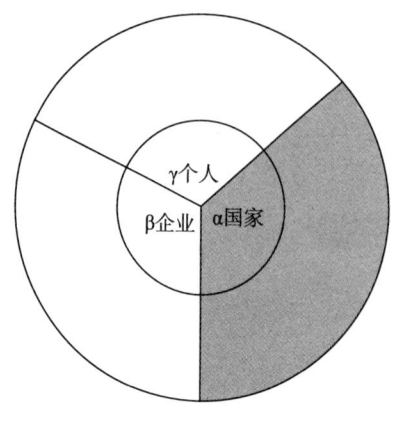

如图所示,如果社会总财富是小圆,国家分得的扇形圆心角为 α,企业为 β,个人为 γ。那么,国家收入的圆心角 α 变大了,势必使企业的、个人的缩小,从而影响企业发展和人民生活水平的提高。如果经济发展了,"饼"做大了,即使国家的分配比例没有变化,仍然会多出一块很大的环形阴影部分的面积。因此,经济发展水平对财政收入的影响是基础性的,二者是根与叶、源与流的关系。只有经济发展水平不断提高,社会财富不断增加,才能保证国家财政收入持续增长。

领悟人的尊严

税收的德性

税收不是缴"份子钱",每个人都要出钱。就个人所得税而言,有一个起征点的问题,起征点越高,不要缴税的收入部分就越多;你如果不需要缴税,说明你的收入不高,收入不高的原因是什么呢?有几种可能,一是你懒惰,劳动数量和质量不高;二是你辛勤劳动了,但劳动技术含量低,主要是体力劳动,劳动报酬低;三是你身体不好,无法进行高强度劳动,只能干一些轻松点的活,不缴税平等享受国家的公共资源。在这三种情况下,让人们平等地享受公共资源,是应该的。理论上讲,条件允许的情况下,第二、三两种情况,他们的收入就不应该少,应该平均分配,因为生产力发展水平等历史原因,不能平均分配。第一种情况下,收入少是对劳动者进行了惩罚,公平享有公共资源是国家对所有国民的尊重。个人收入的超额累进税率,表明收入越高的部分,缴税越多。缴税高的人应该以此为荣,因为这表现明他们在初次分配中劳动贡献大,在再次分配中对国家社会的发展贡献也大,他们的劳动报酬还能为其他人的社会保障作出贡献。不仅个人生活富足,而且能为社会有所贡献,这样的人生才有价值。

　　税、利、债都是财政收入的一部分。此外还有一些其他收入,主要包括收费、罚款和公用事业收入中上缴国家的部分。各种公共服务缴费能使公共服务源源不断地得到保证,但不能收费过高,否则与市场无异。比如,节假日居民出行多,七座及以下的小车免过路费,就体现了国家财政收入的人性化,也是鼓励消费,促进经济发展的措施体现。罚没款是对社会公共资源破坏或侵占后的补偿,比如,你随意停车,侵占了交通要道,意味着别人无法享受该有的资源,你当然要弥补。

A30
◎ 税收的含义和基本特征 ◎

融入生活世界

财政收入质量变好了？还是变坏了？

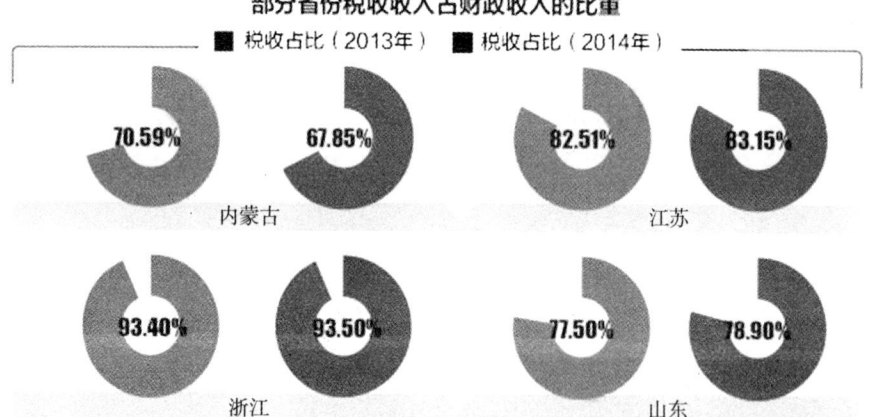

上述四个省份中,江苏、浙江、山东三省的税收收入占财政收入的比重上升,财政收入质量进一步提升。内蒙古则有所下降。相比于相对可控的税收收入,非税收入中的各种费用弹性颇大。在财政收入增速下降的过程中,非税收入占比的变动情况尤其值得关注。

提升思维能力

为什么 2014 年内蒙古财政收入的质量与 2013 年相比变差了呢？

因为，税收具有强制性、无偿性和固定性，三者缺一不可。正因为如此，所以，税收是国家筹集财政收入最普遍的形式，是财政收入最重要的来源。税收在维护财政稳定方面发挥了重要作用，因此，税收收入占财政收入比重越大，财政收入质量就越高。其他形式的财政收入不同时具备强制性、无偿性和固定性三种特征。如，罚没款收入可以作为财政收入，具有无偿性和强制性，但不具有固定性。再如，国债收入就不具有无偿性、强制性和固定性的特征；国有企业上缴给国家的利润，也不具有固定性。

领悟人的尊严

税收存在的合理性

税收存在的合理性在于我们的生活中涉及许多公共事务，它不是靠个人力量能解决的；同时，许多产品也是市场无法提供的，因为这些物品在消费上具有非竞争性、非排他性，这些产品，即公共物品。非竞争性，是指当一个人消费该物品时并不会减少其他人对这种物品的消费。非排他性，是指一个人在消费这类产品时，无法排除他人也同时消费这类产品。

我们可以从财政支出逆推出必须由政府提供的产品和服务。

(1) 纯公共物品：具有完全的非竞争性和非排他性，如国防和灯塔等，通常采用免费提供的方式。

(2) 准公共物品：具有有限的非竞争性和局部的排他性。即超过一定的临界点，非竞争性和非排他性就会消失，拥挤就会出现。

准公共物品可以分为两类：

① 公益物品。如：义务教育、公共图书馆、博物馆、公园等。

② 公共事业物品，也称自然垄断产品。如：电信、电力、自来水、管道、煤气等。

A31
◎ 征收个人所得税的意义 ◎

融入生活世界

老王中大奖

老王酷爱买彩票,坚持三年后终于中得20万元大奖,他到体彩中心领取奖金,但只领到16万,他很困惑:怎么少了4万元?

因为老王需缴纳个人所得税。

① 征税对象:个人所得。

② 纳税人:在我国境内有住所,或者无住所而在境内居住满一年,从我国境内外取得所得的个人,以及在我国境内无住所又不居住或居住不满一年而从我国境内取得所得的个人。

③ 税率:超额累进税率和比例税率。老王中奖属于偶然所得,按20%的比例税率征收个人所得税。

④ 特点:高收入者多纳税,低收入者少纳税。

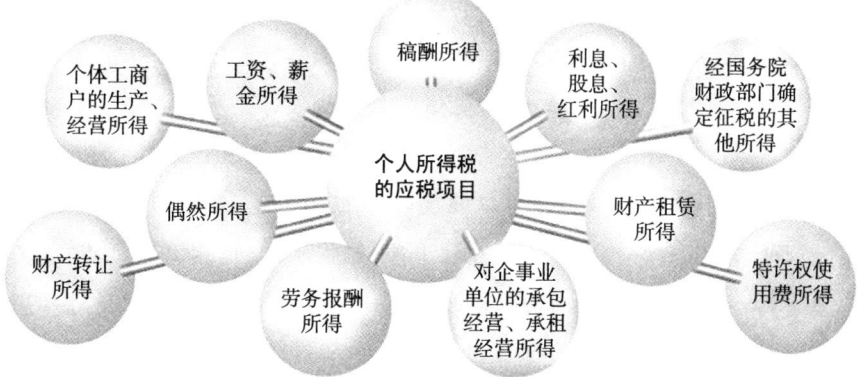

提升思维能力

提升个税起征点会缩小贫富差距吗?

征收个人所得税具有重要的经济意义。个人所得税是国家财政收入的重要来源,也是调节个人收入分配、实现社会公平的有效手段。个人所得税起征点的提高可以让低收入者少缴税,甚至不缴税。那么,通过提升个人所得税起征点真的能够缩小贫富差距吗?

根据目前的税收和社保规定,如果一位在北京工作的居民税前月收入为5 000元,那么他在扣除"五险一金"和个人所得税之后的税后收入为3 875.39元。但在这缴纳的1 124.61元税费和社保费中,个人所得税仅占11.61元,差不多只有1%,社保费则占到了99%。假设个税起征点从目前的3 500元提升到5 000元,那么这位居民每个月可以节省的税收仅仅11.61元。

我们再来看看高收入人群。如果一位北京居民的税前月收入为10万元的话,他在扣除"五险一金"和个人所得税之后的税后收入则为68 165.17元。税费

和社保费加在一起占31 834.83元。这之中28 353.32元是他的个人所得税，占大约90%。社保费则只占大约10%，即3 481.52元。假设个税起征点从目前的3 500元提升到5 000元，那么这位高收入居民每个月可以节省的税收达675元。虽然这个数字对高收入者所缴纳的个税总额来说不算什么，但却也已经是月收入5 000元居民所节缴额度的六十多倍了。

根据上面计算，我们发现，月入五千，个税仅十元；而提升起征点，富人节税多。因此，提高个人所得税起征点不是一时的情绪化行为，它是理性思考作出的智慧选择。任何事物都有个度的问题，超过一定的度，事物的性质就往相反的方向发展了。

领悟人的尊严

个人所得税的累进税率的德性

个人所得税的累进税率是一个好玩的话题，它隐含着个体与国家的共生关系中的互动游戏。3 500元是个税起征点，月收入3 600元，其中有100元要缴个税，税率3%，即3元。3元是个人在国家财政收入中的贡献，财政在促进社会公平、提高人民生活水平，促进资源合理配置，促进经济平稳运行方面都作了较大的贡献。3元不是象征意义，而是有着严肃的法律依据，在月收入10万元的纳税大户面前，我们都同等地享有国家财政所提供的各种服务，这是国家给每一位纳税人的平等地位。月收入10万元，应纳税额在8万以上的税率是45%。国家似乎也是一个调皮的小孩，像一个有个性、活生生的人。尽管缴了上万元的税款，但国家最高只拿45%，国家占"小头"，个人至少占55%，还是占"大头"，这是国家对合法收入的尊重。

B32
◎ 依法纳税是公民的基本义务 ◎

融入生活世界

优惠税钱

生活中,你购买商品后索要发票吗?如果不开发票可以便宜一点,或赠送小礼品,你还索要发票吗?

我们在消费后都要记得索要发票。发票是税务部门根据店家的营业额收取营业税的重要依据。商家销售时把发票本填写清楚,然后撕下顾客联交给买家,自己保留纳税联。税务局征税的时候查阅商家税票领用备案,核对商家的发票底联本上每笔销售的情况,统计销售额,然后根据国家税收规定要求商家交纳相应的税金。所以商家不开具发票,税务局就不知道商家具体卖出多少商品,也就无法要求商家纳税,商家就省了钱。

提升思维能力

"追星族"

人人都享受到国家提供的服务。国家何以可能提供这些服务？在什么情况下会正常提供？什么情况下，国家无力提供？

汉密尔顿说："死亡和税收，是人生不可避免的两件事情。"你享有了国家提供的各种服务，你就得纳税。道理人人都懂，都知道应该要依法纳税。

明星作为高收入群体，同时也作为公众人物，更应将依法纳税作为自己应尽的责任。只有这样，才无愧于"追星族"们。

领悟人的尊严

讨论：什么样的人会依法纳税？

教材中给了一个依法纳税的事例，不妨引用一下。

材料：一年一度的个人所得税自行纳税申报工作又开始了。元旦假期过后的第一个工作日，某公司负责人一大早来到当地税务部门的办税大厅。他说："每年我都会提前几天就准备好申报材料。依法诚信纳税，是对我们自身良好形象的展示与维护，对我个人来说，这比金钱更加珍贵。依法纳税，利国利民；诚信纳税，问心无愧。"

问题：公民依法纳税，为什么利国利民？

对于这个问题的探究得出相应的知识点是不难的，关键是，大家都认为，应该依法纳税，但自己却选择了不应该做的事。这就是休谟著名的命题，"是"推不出"应该"！道德教育不是理性推理而是心灵感悟，是用心而不是用脑。有趣的是，被删除的旧教材中的事例是一幅漫画，一个躺在病床上的老爷爷，念念不忘纳税的事，要求他的亲人替他缴纳税款。在现实生活中此事例的真实性远小于新教材中的事例。病榻上的老人，接近人生的末年，缴税去帮助比自己过得好的人，一般人是很难做到的。

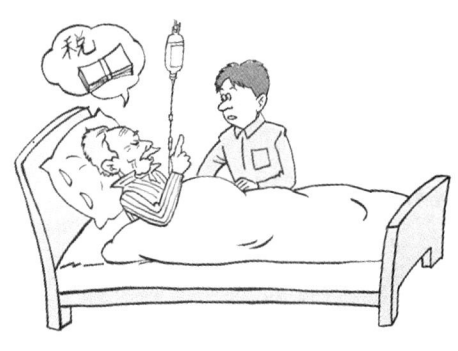

我们先不谈缴税，谈谈比尔盖茨对金钱意义的认识，他认为，钱对他来说，唯一的意义就是慈善。没有人怀疑他的真情。一个富可敌国的富翁，到非洲考察后，知道世界上还有那么多人生活在苦难之中，他真心地想帮助苦难的人们，因此，他把所有的资产都用来做慈善了。这里有两个条件，一是他的财富太多了，钱对他来说，已没有多大意义了；二是穷人的悲苦困境深深地刺痛了他。因此，什么样的人会自觉自愿、无私地做慈善？是那些在情感上有着更深远的普世价值观，更深厚的慈悲情怀的人。这也是孔孟方案："老吾老识及人之老，幼吾幼以及人之幼"。什么样的人会自觉地依法纳税？当他对国家的信任超过自己的慈悲情怀，知道自己做慈善，个人视野狭窄，很难将钱用到最有意义的事情上，而税收与国家相连，国家视野远远超出个人视域，此时的纳税不是以法律为依据的强制行为，而是个人的自觉行为。因此，实现自觉诚信纳税的前提是对国家的信任与热爱，所以，教材特别强调：在我国，税收取之于民，用之于民。国家税款的善管善用，并能被人民认可和接受是国民自觉纳税的重要条件。

如果自己的生活境遇不佳，社会贫富差距悬殊，那么让普通工薪阶层缴重税，就意味着税收的不合理，自觉纳税就会丧失其道德基础，因此，国家应提高个人所得税的起征点。其次，加强税收的监督与管理。依法打击四种违反税法行为。伪造、变造、隐匿、擅自销毁账簿，进行虚假的纳税申报，拖欠税款，虚列虚报出口货物数量、价格，虚报自然灾害；威胁、围攻、殴打税务人员等行为，这些都要受到法律的惩罚。

中国的头号敌人是贫穷，不是美国

中国全国人大外事委员会主任委员傅莹在美国媒体上发表题为《贫穷依旧是中国的头号敌人》的文章。她在文中详细阐述，如何让中国现有7 017万名年收入在360美元以下的贫困人口脱贫，是中国与小康社会之间的最大障碍。

马云乡村教师计划

2015年首届"马云乡村教师奖"评选将首先在陕西、甘肃、宁夏、云南、贵州、四川六省区进行，由浙江马云公益基金会发起并与北京师范大学中国教育创新研究院等机构和媒体合作。12月20日之前，将评选出首批100位优秀乡村教师，入选者每人将获得10万元资金资助。

马云乡村教师计划

全国人大外事委员会主任委员傅莹看问题是国家视野，马云看问题是个人视野。国家视野是国家经济社会发展面临的问题。纳税的钱会进入国家最需要的地方，通过自主创新，转变经济发展方式，带动就业，解决千万人的贫困。

相对于国家视野，个人做慈善的受益面小，只局限于一部分人。税收是在国家层面上发挥作用，如，用于国防建设，受益的是十几亿中国人，也可能用于7 000多万贫困人口的脱贫，或者用于推进城乡一体化，使数亿农民实现中国梦。一个工薪阶层做不了慈善，或者说很难大手笔地做慈善，但我们只要纳税，国家会把税款用于国家职能上，去扶贫救弱，可以说，依法纳税与慈善行为一样，都是为实现社会公平正义而努力。

B33
◎ 市场在资源配置中的决定性作用 ◎

融入生活世界

由于社会的资源供应有限，因此就出现了资源配置问题

计划和市场是资源配置的两种基本手段。计划是依靠人的理性判断，周密部署，有限的理性难免导致资源配置时间长、效率低等问题的出现，甚至出现错误配置。而市场配置资源具有及时、有效的特点。那么，市场是如何配置资源的呢？

提升思维能力

市场如何配置资源?

市场在资源配置中起决定性作用。首先,市场通过价格的涨落以及供求的变化,比较及时、准确、灵活地反映市场供求关系的变化,实现资源配置。其次,市场竞争可以促进劳动生产率的提高和资源的有效利用。下面作详细解读。

第一种情况:

甲厂生产的产品,供不应求,价格上涨,利润增加,扩大生产,资源流入。资源从哪里来呢?

乙厂生产的产品,供过于求,价格下跌,利润减少,减少生产,资源流出。资源流向哪里?

如果甲、乙两厂的人、财、物都在市场上可以自由流通,此时,乙厂中的资源就能及时准确地流入到甲厂,实现资源的合理配置。相反,如果是计划经济,甲厂需要资源而无法得到,进一步造成产品短缺,而乙厂多余资源就会白白浪费掉。

第二种情况:

甲厂、乙厂生产同样的产品——茶杯,甲厂劳动生产率高,每人每天生产一百个;乙厂劳动生产率低,每人每天生产五十个。如果是计划经济,乙厂的劳动者创造的价值永远低于甲厂工人,人、财、物利用效率低下。如果在市场自由流通下,乙厂工人会流到甲厂,每个人创造的价值迅速翻番。

领悟人的尊严

市场配置资源的道德性

市场配置资源,表面上看是受利润驱使的,谁的利润高谁就容易获得人、财、物等资源。资源的高利润,意味着高价格,意味着供不应求,意味着需求量很大很多,资源自然价格上涨,这是资源应得到的尊重,最终,该资源在价格的上涨中流到最需要的地方,流向那些不惜一切都要得到它的行业中去。所以说,价格反映的供求关系不是资源的自发性涨跌,背后是商品生产者的智慧较量,什么时候减少或放弃购买,什么时候追加价格,智慧的依据是成本与利润的权衡,利润权衡的背后是对企业前途与企业员工劳动报酬的考量。

垄断与恶性竞争,都是对人财物的尊严的践踏。垄断就是排除竞争,对资源价格的定价不是由市场竞争生成的,而是人为决定的,这不是对资源本身的尊敬,恰恰相反,人们对这种垄断产品的高价格是憎恨的,因为只此一家别无分店,消费者任由经营者宰割。垄断是对消费者权益的侵害,对消费者尊严的践踏,同时也是对经营者人格尊严的考验。在没有竞争压力下,经营者丧失了进取心,劳动效率低下,人的智慧、才能、创造力皆成了权力的奴婢,倚靠权力支撑的趾高气扬的背后是脆弱不堪的精神面貌。

恶性竞争表面上对消费者有利,其实本质与垄断无异。为什么会产生恶性竞争?是为了排斥异己。亏本卖,结果是要么打败竞争对手,要么两败俱伤,不得不协商避免恶性竞争,以获得适当的利润。前一种情况胜利者会获得一家独大的垄断地位,后一种情况只是走了弯道不得不回到正常轨道。这是价值规律的尊严,规律是不可违背的,垄断阻止了资源的合理流动,最终要被打破的。恶性竞争贱卖资源,实质上不是伤害了资源,而是伤害了生产者。

B34 规范市场秩序

融入生活世界

虚假的供求关系

烟台开发区的一个楼盘,在即将开盘的几天里,楼盘前经常排起大概有六七十人的长队。就连吃午饭的时间里,还是有很多人在排队。一位排着队的阿姨与记者进行了交谈。

记者:阿姨,您是在排号吗?

阿姨:排号。

记者:您什么时候在这排的?

阿姨:昨天上午。

记者:晚上也在这儿吗?

阿姨:晚上也在这儿。

这里的房子真的那么火吗?在排队的人群中,记者发现有不少学生模样的人也在排队买房,莫非他们也是来买房子的?

记者了解发现,原来这些专职排队的都是烟台一所大学的学生,他们是被这家房地产开发公司雇来的。据学生们说,这已经不是第一次被房地产公司雇来排队了。

排队学生:太累了,都累得不行了,现在都不太愿意干了。

记者:他(开发商)给你们多少钱?

排队学生:他(开发商)白天给一百,晚上给一百五。

哄抬物价与囤积居奇

2010年岁末,蒜、豆、姜等农产品接力上涨,价格如坐过山车般持续上涨,并纷纷贵过猪肉价格。"蒜你狠""豆你玩""姜你军""糖高宗""苹什么"等网络流行词接踵而至。这些词的发明在幽你一默的同时,也将市民对物价飞涨的无奈表现得淋漓尽致。

这波农产品的接力涨价自2009年起。2009年在甲流等疫情之下,大蒜价格疯涨数十倍,一度越过10元/斤,甚至贵过肉、鸡蛋,这波涨价周期一直持续至2010年。

随后,自2010年起不断攀升的绿豆价格也让2010年夏季市民的消暑成本大幅提高。绿豆价格从以往的每斤两、三元飙涨至10元以上,部分地区甚至涨到14元。

提升思维能力

虚假价格与虚假的供求关系会给资源配置带来怎样的影响？

囤积居奇,人为地造成供不应求的假象,这给消费者一个错误信号,以为真的供不应求了,于是赶紧购买,引起物价上涨,等价格涨到一定程度,商家再把囤积的商品拿出来卖高价,从而赚取高额利润。价格虚高也给生产者一个错误信号,以为是供不应求,回去赶紧扩大生产规模,因为市场调节具有时间差,当生产者还没有生产出来的时候,囤货者开始抛货了,引起价格下降。所以说,虚假的供求关系和虚假的价格会导致资源的错误配置,造成资源配置低效、浪费。

地方保护主义、垄断行业也会造成资源的低效

垄断行业因缺乏竞争,没有生存竞争的压力,导致资源利用效率低,但是无论怎样的低效,独此一家,它都能赚钱。

所以说,只有具备公平、公正的市场秩序,形成统一开放、竞争有序的现代市场体系,市场才能合理配置资源。良好的市场秩序依赖市场规则来维护。

① 建立健全法律法规、行业规范、市场道德规范等市场规则。

② 诚实守信是现代市场经济正常运行的必不可少的条件。形成以道德为支撑,法律为保障的社会信用制度,是规范市场秩序的治本之策。

③ 要切实加强社会信用建设,大力完善社会信用体系,尤其要加快建立信用监督和失信惩戒制度。

上述知识点存在着知识的内在张力。即规范市场秩序既有对个人道德的要求,也有对国家建立的法律规范的要求。国家层面的,既有建立法律法规,也要建立社会信用制度和失信惩戒制度。个人层面的,既有尊法、守法、用法的法律意识,也要树立诚信观念,遵守市场道德。因此,这个知识点内含着个人与社会、道德与法律的对立统一。

领悟人的尊严

诚实守信

经济活动主体为什么要诚信？诚信是一个人的优良品德,诚信使人与人之间、商品交易之间形成的一种相互信任的关系,构成了人与人之间、商品交易之间的双方自觉自愿的反复交往。

言不信者,行不果。人而无信,不知其可也！信用的意思是能够履行诺言而取得的信任,信用是长时间积累的信任和诚信度。信用是难得易失的。费十年工夫积累的信用,往往由于一时一事的言行而失掉。它还指我们过去的履行承诺的正面记录,它还是一种行为艺术,是一种人人可以尝试与自我管理的行为管理模式。正如伊索寓言《狼来了》告诉我们的,说谎是一种不好的行为,它既不尊重别人,也会失去别人对自己的信任。

社会信用制度的建立

2016年7月9日,中国工程院院士、中粮集团总工程师岳国君在一场国际论坛上发言认为,由于政府对食品安全的监管越来越严,当前已是历史上中国食品最安全的阶段。"食品最安全阶段",表达了这些年中国食品安全领域的进步与成就:机构架设有了,专门法律不缺了,执法态势趋严了,消费者火眼金睛了……这些看得见的变化,为公众构筑了一个更安全的、制度化的食安防护网。这让人联想起2008年中国奶制品污染事件。百姓对国产奶粉品质的失望使他们将目光投向了进口奶粉,来自欧美国家的奶粉在中国大卖,国内奶粉行业遭遇"滑铁卢",产品停滞不销,有些厂家抗不过压力而倒闭。市场经济是以市场来配置资源的,因此,市场价格信息、供求信息、产品质量必须是真实的,否则就会导致资源的错误配置,生产效率下降,经济停滞。因此,搞市场经济必须要求生产经营者诚信守信。

A35
市场调节的局限性

融入生活世界

为什么会出现假冒伪劣产品的?

假冒产品

假冒产品是指使用不真实的厂名、厂址、商标、产品名称、产品标识等从而使客户、消费者误以为该产品就是正版的产品。伪劣产品是指质量低劣或者失去使用性能的产品。为什么会出现假冒伪劣产品呢?

主要是来自利润的驱使。为了追求利润而不择手段,假冒伪劣、坑蒙拐骗无所不做。任何事物都有其对立统一的两个方面。利润本身不是个坏东西,追求利润既能使资源得到有效配置,但也会浪费资源。

提升思维能力

市场调节的弊端能否通过市场解决？

市场调节的局限性恰恰是由市场调节的有效性生成的。市场调节的有效机制是利润，利润高，表明价格高，表明供不应求，所以，能有效地配置资源。如果市场主体不择手段地追求利润，假冒伪劣，坑蒙拐骗，这就是市场调节的自发性了。

市场主体处于微观领域，对宏观方面的供求状况不能把握，一旦遇到某个商品赚钱就会一哄而上，这就是市场调节的盲目性。天下雨了，雨伞价格上涨，厂家回去赶紧生产，但是雨伞生产出来，天却已经晴了，雨伞价格下跌了。供求关系引起价格的变化，价格信号传导至生产领域，再到产品生产出来，之间有一个时间差，当初的供求关系已经发生了变化，因此，市场调节具有滞后性。所以，市场调节的局限性是市场本身就具有的属性，只要让市场调节资源，就有其局限性，这一问题是市场本身无法解决的。因此，解决市场调节的局限性只有通过国家"有形的手"进行宏观调控。

领悟人的尊严

尊重客观规律性与发挥主观能动性

市场调节的局限性体现出客观的价值规律并不是万能的，物的世界的"是"遵循着"必然律"，如果任由市场支配，就会出现利润主宰人的行为，使人的行为"物化"、"利润化"，无所谓人的尊严与德性。因此，对市场调节局限性的认识实际上是对人类活动"应该"的德性反省。如何既发挥市场在资源配置中的决定性作用，又发挥人的主观能动性避免因市场调节局限性而造成的资源浪费，体现了人类活动的理性与智慧。

A36
◎ 社会主义市场经济的基本特征 ◎

融入生活世界

中国经济奇迹是如何发生的?

在短短30年的时间里,中国经济完成了一次翻天覆地的变化。如今,中国已经从世界最贫困的国家之一,一跃成为全球第二大经济体。从1979年改革开放至今,中国经济的年均增长率高达9.6%。自计划经济体制转为市场经济体制以来,中国的GDP和国民收入每7~8年就能够翻一番。在这30年里,有6.6亿中国人摆脱了贫困,这相当于世界总人口的1/10。作为一个有着14亿人口的大国,中国经济的发展关乎世界1/5人口的命运,因此,中国经济已经成为影响国际形势的一个举足轻重的因素。尽管如此,中国经济成功发展的内在原因和要素仍然蒙着一层神秘的面纱。为何中国经济能以如此惊人的高速度持续发展?这背后的成功条件和决定因素是什么?这些问题的答案还远远没有探明。

(摘自《中国的增长:中国经济的前30年与后30年》)

我国社会主义市场经济发展历程(新华社资料)

我们来简单回顾一下,我国社会主义市场经济体制的建立过程。

从"计划经济为主,市场调节为辅"到"国家调节市场,市场引导企业"。

从"计划"与"市场"是姓资还是姓社的争论,到计划和市场都是经济手段。

从初步建立起社会主义市场经济新体制,到完善社会主义市场经济体制。

具体过程如下:

1978年,国务院研究加快中国"四个现代化"的问题,包括经济管理体制改革问题。当时对社会主义经济体制的提法是"计划经济和市场经济相结合"。

中共十二大。1982年9月中共十二大会议上,又提出了"计划经济为主,市场调节为辅"的原则。

中共十二届三中全会。1984年10月,进一步明确社会主义经济是"公有制基础上的、有计划的商品经济"。确立了中国经济改革的目标是建立"社会主义有计划商品经济"。

中共十三大。1987年10月,把有计划的商品经济新体制概括为计划与市场内在统一的新体制,明确提出要运用计划调节和市场调节两种手段,逐步建立"国家调节市场,市场引导企业"的机制。

1990年底。邓小平明确指出:"资本主义与社会主义的区分不是计划、市场这样的内容。社会主义也有市场调节,资本主义也有计划控制。不要以为搞点市场经济就是资本主义道路,没那回事。"

1992年初。邓小平南行时更加明确地指出,计划经济不等于社会主义,资本主义也有计划;市场经济不等于资本主义,社会主义也有市场。计划和市场都是经济手段。计划多一点还是市场多一点,不是社会主义与资本主义的本质区别。从而从理论上冲破多年来市场经济的束缚,为中国建立社会主义市场经济体制奠定了理论基础。

中共十四大。1992年10月,会议明确指出,中国经济体制改革的目标是建立社会主义市场经济体制,以利于进一步解放和发展生产力。

中共十四届三中全会。1993年11月,《中共中央关于建立社会主义市场经济体制若干问题的决定》,把中共十四大提出的建立社会主义市场经济体制的目标和原则具体化、系统化,勾画了新经济体制的基本框架。

中共十四届五中全会。1995年9月,会议明确了到2010年建立和完善社会主义市场经济体制的历史任务,到20世纪末,初步建立起社会主义市场经济新体制。

中共十六届三中全会。2003年10月,全会强调,完善社会主义市场经济体制的主要任务是:完善以公有制为主体、多种所有制经济共同发展的基本经济制度,建立有利于逐步改变城乡二元经济结构的体制,形成促进区域经济协调发展的机制,建设统一开放竞争有序的现代市场体系,完善宏观调控体系、行政管理体制和经济法律制度,健全就业、收入分配和社会保障制度,建立促进经济社会可持续发展的机制。

我国社会主义市场经济发展历程表明,一个国家道路的选择、制度的形成都是在社会实践中不断摸索、不断选择、不断修订、不断完善的过程,先验的理论论证和逻辑推理并不能得出正确的理论、道路和制度。今天,我们的理论自信、制度自信、道路自信,是在社会实践中生成的,并得到了历史和人民的检验。实践证明,每一个历史阶段都不可缺、不可少。将每一个历史阶段的政策放在历史背景中,就能看出我国社会主义市场经济的发展历程,是逐步完善的,这并不是说,后面的政策要比前面的政策完善,或者说,前面的政策就不完善。坚持用辩证唯物主义和历史唯物主义的观点看问题,正确认识我国社会主义道路的选择、社会主义制度的完善、社会主义理论的不断发展。历史是伟大的,伟大的历史背后是伟大人民的伟大实践。

提升思维能力

社会主义市场经济与资本主义市场经济有何区别?

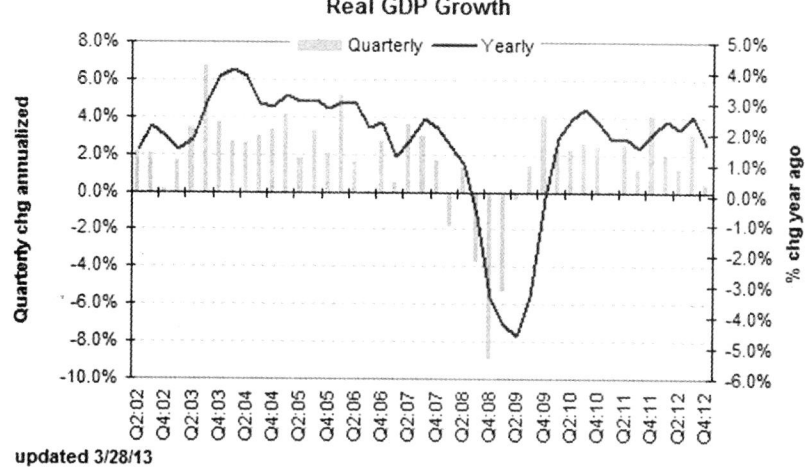

美国 2002 年—2012 年 GDP 季增长率及年增长率变化图

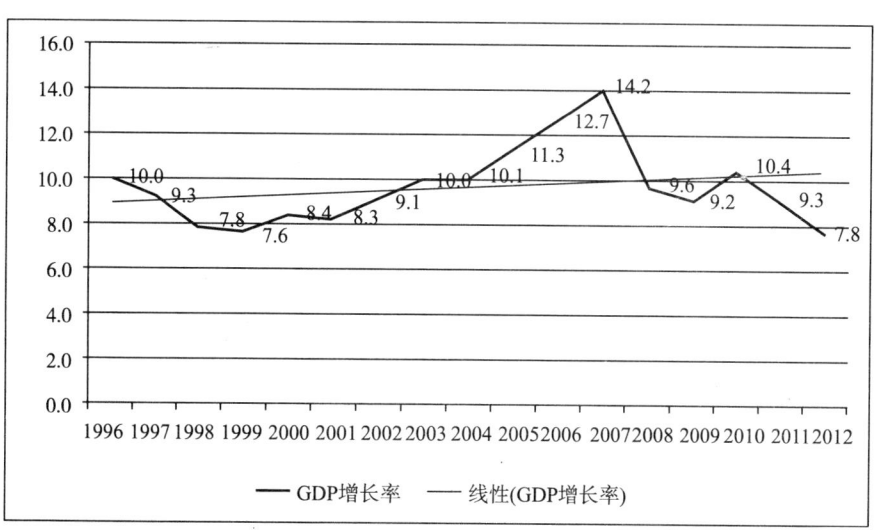

数据来源:2012年中国统计年鉴

我国 1996 年—2012 年 GDP 增长率

为什么我国宏观调控如此有力？

我国是公有制为主体，国家拥有大量的资源，大型的国有企业和国有银行，土地、自然资源完全国有化。我国政府有能力进行宏观调控，不同于美国以私有制为主，国会不同意，政府就拿不到钱，政府甚至会沦落到关门的地步。

公有制为主体，改革开放的成果应被全国人民共享，共同富裕是社会主义市场经济的根本目标，而市场配置资源倾向利润导向，会导致两极分化，因此，政府需要加强宏观调控。

在未来30年保持可持续的经济增长

中共十八届三中全会。2012年，《中共中央关于全面深化改革若干重大问题的决定》指出经济体制改革是全面深化改革的重点，核心问题是处理好政府和市场的关系，使市场在资源配置中起决定性作用和更好地发挥政府作用。市场决定资源配置是市场经济的一般规律，健全社会主义市场经济体制必须遵循这条规律，着力解决市场体系不完善、政府干预过多和监管不到位问题。

在未来30年内保持可持续的快速经济增长是我国政府的经济发展目标。要实现这个目标，不仅需要在科技和人力资本方面不断发展，还需要完成法制和政治治理方面的改革，同时要保证我国经济再平衡。在这一方面，我国需要做的事情很多，包括拉动内需（消费、投资和政府开支），逐步让国内需求的增速超过出口的增速；使农业逐步转向服务业（含非贸易领域，如教育、医疗等）；加快城市化进程和提高农民收入；提高对外经济的自由度（如促进人民币的国际化等）。要实现上述各项目标，我国必须重新定位政府在国家生活中所扮演的角色，并对现有的法制系统进行必要的改革。如今，大型国有企业的特权问题以及中资、外资私营企业在经营中所面临的各种不平等竞争现象已经日益被人们所关注，这些现象不仅让人们对我国市场的效率存有疑虑，也限制了我国克服"中等收入陷阱"的能力。要真正成为一个超级经济大国，要释放出最大的潜力，我国必须进行微观和宏观层面上的双重改革。在微观层面上，我国必须通过促进生产力要素的发展进一步提高生产力；而在宏观层面上，我国需要逐步完成经济结构调整的伟大转型任务。

领悟人的尊严

社会主义市场经济的基本特征既体现了物的尊严，也体现了国家的德性与良知

1992年十四大在党的历史上第一次明确提出了建立社会主义市场经济体制的目标模式。把社会主义基本制度和市场经济结合起来，建立社会主义市场经济体制，是我们党的一个伟大创举。社会主义市场经济是将社会主义制度与市场经济结合起来。社会主义经济是公有制经济，过去实行计划经济时，计划社会各部门生产什么，生产多少。通过计划来配置资源，理论上可以避免生产过剩的危机，即经济危机的发生，实践证明在计划经济下确实也不会发生生产过剩的危机，没有哪个部门根据市场利润而扩大生产规模，因此，不可能发生经济危机，也不会出现产品过剩而卖不出去的现象。但可悲的是产品不丰富，全凭计划供给，人们普遍生活贫困。所以，计划配置资源虽然可以避免经济危机，但在本质上，它把人、财、物这些生产要素都"看死了"，或者说，都看成了"死物"。其实，物也是有活力的，它有追求自身价值最大化的合理诉求。市场可以通过价格、供求、竞争将资源的利用效率达到极致，但市场也有其弊端。市场固有的自发性、盲目性、滞后性使资源配置错误，带来资源的严重浪费。因此，市场经济需要国家通过经济、法律或行政手段进行宏观调控。这就需要国家拥有强大的经济实力，而社会主义公有制保障了国家能集中人、财、物办大事。因此，社会主义国家强而有力的宏观调控弥补了市场经济的局限性，而市场经济能有效配置资源的特性也弥补了社会主义计划经济的不足。这一优势是有实践证明的：改革开放以来，我国经济长足发展，社会生活发生了翻天覆地的变化。

A37
◎ 我国宏观调控的主要目标 ◎

融入生活世界

近三年，中央经济工作会议提出的经济工作任务

2015年中央经济工作会议提出2016年经济工作任务：坚持稳中求进工作总基调，坚持稳增长、调结构、惠民生、防风险，实行宏观政策要稳、产业政策要准、微观政策要活、改革政策要实、社会政策要托底的总体思路，保持经济运行在合理区间，战略上坚持持久战，战术上打好歼灭战，着力加强结构性改革，在适度扩大总需求的同时，去产能、去库存、去杠杆、降成本、补短板，提高供给体系质量和效率，提高投资有效性，加快培育新的发展动能，改造提升传统比较优势，增强持续增长动力，推动我国社会生产力水平整体改善，努力实现"十三五"时期经济社会发展的良好开局。

2014年中央经济工作会议提出2015年经济工作任务：努力保持经济稳定增长；积极发现和培育新增长点；加快转变农业发展方式；优化经济发展空间格局；加强保障和改善民生工作。

2013年中央经济工作会议提出2014年经济工作任务：切实保障国家粮食安全；大力调整产业结构；着力防控债务风险；积极促进区域协调发展；着

力做好保障和改善民生工作;不断提高对外开放水平。

不难看出,我国宏观调控的首要目标是促进经济增长。2015年提出的"稳增长、调结构、去产能、去库存、去杠杆、降成本、补短板",都是促进经济发展的。2014年提出的"努力保持经济稳定增长;积极发现培育新增长点;加快转变农业发展方式;优化经济发展空间格局",2013年提出的"切实保障国家粮食安全;大力调整产业结构;着力防控债务风险;积极促进区域协调发展",也是促进经济增长的。

2015年提出的"惠民生"、2014年提出的"加强保障和改善民生工作"、2013年提出的"着力做好保障和改善民生工作",从宏观调控的目标看,侧重于增加就业、稳定物价这两个方面。2013年提出的"不断提高对外开放水平",不仅能促进经济增长,还起到了保持国际收支平衡的作用。

提升思维能力

国家(政府)宏观调控的目标与微观经济主体企业经营的目标有何不同?为什么?

国家宏观调控是国家在对经济规律把握的基础上,发挥主观能动性,其目标主要是促进经济发展。经济发展不是眼前的、短暂的利益,而是立足国家长远利益上的高瞻远瞩。国家宏观调控的目标——保持经济持续发展,不同于企业经营的目标——利润。国家宏观调控更多地倾向于经济结构的战略性调整。

"经济基本面"指的是表征国民经济整体优劣状况的统计指标,比如GDP增速、就业率和失业率、进出口、通胀率等,这些都是政府宏观调控所关注的目标。

领悟人的尊严

政府要从大处着眼，促进经济稳健增长

政府作为国家宏观层面"有形的手"，需要做好民生的管理和服务工作。促进经济发展、稳定物价、保障就业、保持国际收支平衡，这些方面都是保民生，促经济的措施。

比如，政府面对人民币贬值问题，既不能伤害出口，也不能破坏人民币的国际地位。美元日强，不断将人民币汇价推高，人民币被迫贬值的压力越来越大。欧盟作为我国最大贸易伙伴，预计2016年欧元将贬值至少6%，我国要保持对欧出口竞争力，势必作出相应的人民币贬值。但人民币刚升级为国际货币，我国政府不会对人民币作大幅贬值，避免损害人民币地位。

比如，通过扩大国内消费拉动经济增长，政府如何为扩大居民消费做好服务工作呢？目前，国内消费所占的GDP比重仍低于出口，消费已成我国经济的最大寄望。为扩大居民消费，国家要积极采取各种措施，比如，提高居民收入，我国新兴中产阶级人数越来越多，消费力迅速扩张，2016年估计将有可观增长；再比如，政府2015年共投资1 800亿美元发展互联网，帮助推动网购。

企业、公司作为微观市场主体是由利润驱动的，企业考虑的是利润，根据利润的增加与减少，企业相应地扩大或缩小规模。国家却考虑如何促进经济稳健增长。企业希望自己生产的产品涨价的同时原材料降价，而国家却要稳定物价。经济不景气，企业要考虑裁员，而国家则要保障就业。外向型经济希望增加出口，国家则要稳定汇率，保持国际收支平衡。

B38 我国宏观调控的手段

融入生活世界

我国针对目前房地产调控的措施有哪些?

目前主要有以下几个方面的调控:

(1) 金融机构方面(经济手段中的货币政策)

① 银行准备金利率的上调。主要控制银行的存贷比例,压缩银行贷款发放。

② 银行利率上调。主要用于提高银行发放贷款的利率,控制信贷风险。

③ 严控贷款审核条件。提高房贷的自有资金比例;停止向第三套房以上的购房者发放贷款;认房认贷。

(2) 税收方面(经济手段中的财政政策)

① 取消原税收优惠政策。

② 房产税的潜在增收。

(3) 交易登记方面(行政手段)

① 限制外地人在当地的购房套数。

② 严控预售环节,对开发商预售价格异常、捂盘惜售、提前预售、暗箱操

作等行为施行延缓销售、停售等行政强制措施。

③ 施行预售价格调整报备与控制,严禁开发商随意调价。

提升思维能力

为什么要以经济手段、法律手段为主,行政手段为辅?

比如,国家想关停一批高能耗高污染企业,可以下发红头文件,限定2015年12月31日前关闭,到时政府强制拆除。这种方法虽然高效,但有点"不讲道理",从企业角度,他们会质问:凭什么要我关门?我又没有违法,我依法上缴税收,政府为什么要我关门?当初建厂时是政府批准的,现在又要我们关门,还讲不讲理?再如,颁布购房限购令,购房者会质问:我有钱为什么不让我买房?为什么不让外地人买房?等等。为避免这种矛盾,国家可以通过经济手段调节,比如对污染企业征收环境税,提高银行贷款利率,增加污染严重或经营不善企业的成本。这是通过影响他的经济利益,实现调控目的。此外,还可以通过法律手段调节,国家可以颁布法律、行政法规规定哪些行业禁止进入。

国家明令规定13类行业和商品不准个人经营:1.金融业,包括设立银行、信托投资公司、信用合作社、保险公司、经营存款、贷款、个人储蓄、信托、保险等业务;2.军工业;3.化学危险品业;4.贵金、稀缺和特优矿开采;5.黄金业,包括黄金开采、选冶;6.污染严重的生产项目;7.淘汰产品;8.特殊管理的药品:包括精神药品、毒性药品、放射性药品和麻醉品等;9.民用爆炸药品(经公安部门同意设立零售的烟花爆竹除外);10.仿真手枪式电击枪、猎枪等;11.国家烟草专卖局规定的卷烟、烟草制品(但经批准零售卷烟、雪茄者除外);12.迷信用品;13.进口服装。

这样,经营者心服口服,因为在法律面前一律平等,国家法律禁止的,不允许我经营,也不允许别人经营。所以,宏观调控要以经济手段、法律手段为主,行政手段为辅。

领悟人的尊严

经济手段的德性

经济手段的德性体现在它的无强制性。经济手段是国家运用经济政策和计划,经济政策主要包括财政政策(包括税收)、货币政策等,通过对经济利益的调整而影响和调节社会经济活动的措施。

经济手段的德性体现在它的平等性上。经济手段和法律手段调节市场上经济活动主体的一切经济活动。

经济手段的德性还体现在它的任务上。经济手段的任务在于合理确定国民经济和社会发展的战略目标,搞好经济发展预测,总量调控,调整重大结构,合理布局规划生产力,集中必要的物力、财力进行重点建设,综合运用各种经济杠杆,促进经济更快更好地发展。

法律手段的德性

法律手段的德性体现在它的任务上。主要是规范生产经营者的活动,维护市场经济秩序,维护经济活动参加者的合法权益。

法律手段的德性还体现在它对经济运行的调节具有相对的稳定性和明确的规定性。

行政手段的德性

行政手段的德性体现在它的运用要控制在必要的范围和限度内,比如对一些不符合国家投资结构政策和技术政策要求的产品要用行政手段加以干预,而不是所有的经济主体。

行政手段的德性体现在它的快速性。由于行政手段直接作用于调节对象,因此,它可以比较快地达到预定的目标效果。在严重通货膨胀、经济结构失衡等非常时期,间接的经济手段难以产生快速强烈的效应,此时动用严厉的行政手段往往能起到立竿见影的效果。

B39
◎ 深入贯彻落实科学发展观的要求 ◎

融入生活世界

2016，决战过剩产能

鞍钢集团在拆除焦炉 杨青摄

当前我国经济最大的痛点，当属产能过剩，特别是结构性产能过剩比较严重。2016年我国经济的首要任务就是去产能。这是一项痛苦而艰巨的任务，也是一个不得不过的关口。中央已经下定决心，一场化解过剩产能的攻坚战即将打响。去产能不能再等！这其中的焦点和难点大致有：过剩性行业、资源型城市、僵尸企业、高污染产业。

(2016—01—15 半月谈网)

企业往何处去？化解过剩产能、转型升级的有效路径：延伸产业链，且主要是向需要大量技术创新的高端产业链延伸。中国平煤神马集团攻克了针状焦国产化难题,成为国内唯一的超高功率石墨电极生产企业;突破了成套工业化硅烷生产技术,结束了国内产品全部依靠进口的历史;打通了从煤炭到高性能纤维的各个环节,形成了全球最完整的煤基尼龙化工产业链。

深入贯彻落实科学发展观,必须把推动经济社会发展作为第一要义。要着力把握发展规律、创新发展理念、破解发展难题,深入实施可持续发展战略。

员工往何处去? 在陕西省咸阳市,骨干国有纺织企业西北国棉一厂、西北国棉二厂、陕棉八厂属于落后产能,需要化解,但涉及国企身份职工8 000多人。当地政府因地制宜,采取"退城下乡"的方式,较好地解决了这一问题。这3家国企有一个共同点——地处市中心,而且占地面积很大。近年来,咸阳市中心的土地价格上涨幅度很大,政府便利用这一点,把这3家国企搬到郊外整合为一家企业,通过市中心和郊区的土地置换获得资金,用来建新厂房、上先进设备,淘汰落后产能,并安置因产能升级、效率提高不得不下岗的职工。

深入贯彻落实科学发展观,必须把以人为本作为核心立场。始终把实现好、维护好、发展好最广大人民根本利益作为党和国家一切工作的出发点和落脚点。

生态往何处去? 土法烧窑污染严重,取缔天经地义,可真动手时,干部、群众都很纠结。有窑主向当地干部恳求说:"拆窑是为了大家的健康,这我知道,可我们这代人甘愿受污染行不?我们少活几年,先把生活搞上去,以后子孙后代就能呼吸新鲜空气了……"但是,该拆还是得拆。拆第一座窑时,附近村民都来了。挖掘机扒掉烟囱时,几百人都哭了。

记者采访了解到,地方政府最大的压力来自社会稳定,他们希望相关企业最好是被重组,而不是倒闭,这样既能完成压减任务,又可以减少社会震荡。中央经济工作会议也提出,"化解过剩产能中,要尽可能多兼并重组、少破产清算,做好职工安置工作"。

深入贯彻落实科学发展观,必须把全面协调可持续作为基本要求。要全面落实经济建设、政治建设、文化建设、社会建设、生态文明建设五位一体总体布局。

债务往何处去? 有钢铁企业负责人向记者表示:"有的高炉、转炉抵押给银行,银行不让拆。拆了银行只好找政府要债。"更严重的问题是,民营钢企之间联贷联保现象普遍,一家企业因为压减产能倒闭,可能引发一个地方全行业不良的连锁反应。

深入贯彻落实科学发展观,必须把统筹兼顾作为根本方法。要坚持从实际出发,统筹各方面利益关系,充分调动各方面积极性。

提升思维能力

新中国成立以来中国经济发展战略的演变和发展重心的转移

中国经济发展观大致经历了以下几个阶段的转变。即:(1)新中国成立前后以"共同纲领"为代表的新民主主义发展观;(2)1953—1977年以两个"总路线"为代表的传统社会主义发展观;(3)1978—1996年以"发展是硬道理"为代表的社会主义初级阶段发展观;(4)1997年以来的以"新型工业化"和"以人为本"为代表的科学发展观。这种认识和理论演变,使得经济发展战略也随之发生改变,发展重心也相应地产生了变化。

发展战略的形成和转变与发展观念密切相关,而任何思想和战略、策略的形成和演变都是与当时那个社会要解决的问题和条件紧密联系在一起的。认识和理论演变使得经济发展战略也随之发生改变,发展重心也相应地产生了变化。这些变化引起社会要解决的问题和条件的改变,引起了新问题和新条件,产生了经济发展的新认识、新理论、新观念,引起了新的发展战略的形成。问题、认识问题、制定解决问题的策略、解决问题、产生新问题……如此循环,这种循环不是简单的垂直,而是螺旋式上升。

领悟人的尊严

苏南农村长出"新集体经济"

当下苏南农村的"新集体经济"普遍进行了制度创新,具有产权清晰、收入稳定、分配合理、民主管理的特征。树绿了、路通了、地平了、家富了、人笑了……近日,半月谈记者在苏南多地农村看到,农村经济繁荣、公共设施完善、农民生活富足、农村社会和谐,一片欣欣向荣、蓬勃发展的喜人景象。

近年来,苏南农村"新集体经济"发展的主渠道是资本经营、资产资源租赁和承包经营,经营风险小,收益持久且稳定。如在张家港市村级可支配收入中,房屋土地资产租赁收入超过六成。

在苏南地区较为普遍的资产租赁型。"发展依托了当地的优势资源,但不是简单地靠山吃山。"2008年,东联村就通过开发约4 000平方米的房产收获了"第一桶金"。此后,东联村集中精力、财力,在城镇商贸区、工业集中区、城乡接合处等地发展高标准物业,先后通过自建和向镇集体资产经营公司购置的方式,才拥有了如今5万多平方米的经营性物业。苏南一些乡镇企业改制时,集体经济留下了一定股份。如张家港市永联村拥有永联集团25%的股份,江阴市长江村拥有新长江集团25%的股份。这两个村的集体年收入均超过亿元。

近年来,苏州和无锡等地试点"政经分开",明晰公共财政和农村集体经济组织在农村公共服务和社会管理支出上的责任,今年7月,无锡市锡山区安镇街道14个农村经济合作组织与所在村村委会"分账管理",村委会与合作组织完成"切割",前者履行农村公共事务管理,后者则主要从事经营。两个机构两本账,互不"搭界",防止村干部参与集体资产经营发生腐败现象。

(2015—12—15半月谈网)

科学发展观强调"科学",科学是什么意思呢?科学与蛮干相对应,重在遵循规律。遵循规律就是把握事物之间本质的必然联系,事物之间不"内耗",相互协调、相互促进。科学发展观,不是强调某一个事物的突飞猛进,而是强调全面协调,强调经济和社会的全面协调发展;不是单纯强调数量、速度的增长,而是强调可持续。苏南农村形成的"新集体经济",发展的主渠道是资本经营、资产资源租赁和承包经营,经营风险小,收益持久且稳定。"新集体经济"普遍进行了制度创新,具有产权清晰、收入稳定、分配合理、民主管理的特征。

C40 加快转变经济发展方式

融入生活世界

不能仅仅以 GDP 论英雄

材料：某市是著名的贫困县，新领导上台后，为发展当地经济，盲目招商引资，引进了一批批重污染的企业，领导甚至把 GDP 作为衡量建设成就的唯一指标，几年后，当地经济虽然得到了很大发展，但环境却遭到了严重的污染，百姓苦不堪言，不少著名的高新企业面对当地的环境，也纷纷放弃了在此地的投资。

如果单纯追求经济的增长速度会有什么后果？

在经济建设中，过度采伐树木，造成生态环境破坏。虽然 GDP 能反映经济增长，却反映不出被耗费掉的资源、破坏了的生态、污染了的环境。所以，我们不能把 GDP 作为衡量经济发展的唯一指标。

片面追求 GDP 的"增长"是不利于改善人民生活和国家的经济发展的，在追求 GDP 增长的同时还应该考虑经济增长中所带来的资源消耗和环境污染问题，贯彻落实科学发展观，加快转变经济发展方式。

提升思维能力

发展是解决中国所有问题的关键

改革开放以来,我国经济总量明显扩大,综合国力大幅提升,但我国人口多、底子薄、发展不平衡的基本国情没有变,发展中国家的地位没有变,社会主义初级阶段的基本特征没有变。从人均角度看,我国发展水平还较低,追赶上发达国家的经济水平还有很长的路要走。从国内看,解决许多矛盾和问题必须靠发展。首先,保障就业要靠发展。只有达到一定的经济发展速度,才能创造足够的就业岗位,保持就业形势的基本稳定。其次,消除贫困要靠发展。消除贫困需要采取多种办法,但最根本的还是要靠经济发展。再次,缩小差距要靠发展。我国城乡之间、区域之间发展差距较大,特别是一些农村和边远地区的经济水平、社会面貌还很落后,我们不可能让城市和发达地区停下来等待农村和欠发达地区发展,不可能将已有的发展成果在城乡、区域间平均分配,只有通过加快农村和落后地区的发展来缩小差距。总之,今后我国发展的任务仍然十分繁重,这使我们更加深刻地认识到,发展是科学发展观的第一要义,我们必须继续抓住和用好战略机遇期,推动经济再上新的台阶。

发展不同于增长

我国在发展水平总体不高的同时,发展中不平衡、不协调、不可持续的问题也相当突出,这在本质上是发展还不够科学的表现。目前我国经济总量占全球的比重不到10%,但消耗的钢铁、水泥、煤炭、有色金属等资源却占到全球三分之一左右甚至更高,排放的污染物规模也很大,未来经济发展面临的资源环境约束日趋强化。投资和消费、内需和外需的关系不协调,收入分配差距较大,各类社会矛盾明显增多。科技创新能力不强,许多核心和关键技术仍然依赖进口、受制于人。

要认识到,发展不同于增长,绝不能只看速度的快慢、规模的大小、一时的得失。如果发展方式不转变、发展不科学,发展之路就会越走越窄。当前和今后时期,我们所谋求的发展,必须是坚持以人为本的发展,把保障和改善民生作为推动发展的出发点和落脚点,解决好人民群众最关心最直接最现实的利益问题,充分激发广大人民参与改革和发展的积极性和创造性,做到发展为了人民、发展依靠人民,走共同富裕道路,使发展成果惠及全体人民。我们所谋求的发展,必须是全面协调可持续的发展,要着力加强社会发展中的薄弱环节和重点领域,加快建设社会主义新农村,促进城乡共同繁荣发展;深入实施区域发展总体战略和主体功能区战略,促进区域协调发展;加强节能减排,走可持续发展道路;坚持以经济建设为中心,加强社会建设和管理,推动文化大发展、大繁荣,建设社会主义政治文明,促进经济建设、政治建设、文化建设、社会建设以及生态文明建设协调发展,共同进步。说到底,我们所谋求的发展必须是科学发展,是符合经济规律、科学规律、自然规律的发展。

领悟人的尊严

加快转变经济发展方式是人的智慧选择,也是人类尊严的体现

实施创新驱动发展战略。我国手机、计算机等产品的产量居世界第一,但关键芯片依赖进口。我国企业不得不将每部手机售价的20%、每台计算机售价的30%支付给国外专利持有者。一番辛苦却为别人做嫁衣裳,看似不公平,实则不然。首先,这里蕴含着人类的追求,科技创新要花费艰巨的脑力劳动,要依靠人的智慧、灵感、机遇,是创造性的发现,是人类智慧的集中体现,其创造者理应得到尊重。其次,科技创新会带来人类生活的全新变革,它不是累积性的数量的改变,而是质的变化。因此,它带来的效益是巨大的,理应得到高回报。科技创新是提高社会生产力和综合国力的战略支撑,必须摆在国家发展全局的核心位置。第三,高回报带来的激励作用会进一步推进人类对未知领域的探索,如果人们对创造性的劳动漠视,并廉价复制,其成果得不到应有的尊重,科技创新的激励机制就会丧失,从而阻止人的创造性劳动,最终阻止了人类的进步。

推进经济结构战略性调整。量变与质变的哲学原理告诉我们,事物的发

展有两种情况,一种是数量的不断积累,即量变;另一种是事物的数量没有变化,只是结构发生了改变,墨碳变成了金刚石,这种结构的改变不是一般的改变,而是结构的战略性调整。经济结构的战略性调整内在的哲学依据就是量变质变原理。社会财富的数量不变,投资多了,消费就少,生产出来的产品不能消费掉,社会生产停滞,经济滞缓。如果消费强劲,生产、消费,再生产、再消费……消费与生产每滚动一次,经济就发展一次,滚动十次,经济总量就是一次产量的 10 倍。经济发展如果仅仅依赖数量的增加,那么,经济的发展只能是在生产资料的数量上的增加,在劳动者的数量上的增加。假设某厂 100 名工人生产某商品消耗原煤 500 吨,钢材 100 吨,现在要求产量上升 10 倍,那么需要有工人 1 000 名,原煤 5 000 吨,钢材 1 000 吨。相反,经济结构战略性调整不是着眼于数量而是立足于提高质量与效益,提高劳动者素质,劳动者能以一当十,提高技术创新,原煤、钢材的使用效率也提高了十倍,这就是经济结构的战略性调整。

推动城乡发展一体化。用主次矛盾的视角看全面建成小康社会,从总体小康到全面小康,我们发现它们之间的差距不在于城市的发展水平,也不是东部沿海经济发达地区的经济发展水平如何提高,而在于广大的欠发达地区,落后的农村、农民和农业。傅莹说:"中国最大的敌人是贫穷,而不是美国。"因此,全面建成小康社会的主要矛盾是"三农"问题,"三农"问题解决了,全面小康也就到来了。所以说,"三农"问题是全部工作的重中之重。如何解决呢?最好莫过于将农村人口、富余劳动力和乡镇企业逐步向城镇聚集,转化为城镇的经济要素,成为促进经济发展的重要动力,这一过程实质上是中国特色城镇化过程。解决"三农"问题所需的人才、技术、资金,城市都有,因此,要推动城乡发展一体化。

全面促进资源节约和环境保护,增强可持续发展能力。自然不多一分也不会少一分,一切生机勃勃,没有死亡,没有多余,因为死亡或多余很快转化为生命,一切都在动态循环之中。自然为什么如此精巧?很简单,自然没有贪欲,多少数量的植物养育多少数量的食草动物,食草动物又能维持食肉动物,食肉动物也能维持更高一级的动物。处于顶端的没有天敌的生物存在吗？肯定不存在。食肉动物之间或者生物之间又有小循环，狮子既可以猎杀羚羊，羚羊也可以逃走饿死狮子，死亡的狮子给食腐动物带来能量，食腐动物又会死于自然的威力，如非洲野狗死于洪水，成为草原的养分。自然界遵循自然法则，有退守，有进攻，有毁灭，也有再生。而人类的法则里，进取心被过分强调，研制一个产品会不惜一切，高端人群夜以继日。假如人类只追求进取、创新，为经济发展不惜一切，包括生态的破坏，怎么做到循环经济呢？生态是维系人类生存的基础，皮之不存，毛将焉附？因此，我们在开发新产品时，还要考虑到资源节约、环境保护，要把经济发展放在经济社会的全面发展上，放在人与自然的和谐之中，做到可持续发展。

B41
◎ 经济全球化的主要表现及其影响 ◎

融入生活世界

全球化就在我们身边

你接触过哪些外国商品？你知道哪些中国商品在国际市场上畅销？

随着全球化进程的加快，在中国本土，我们可以买到日本产的汽车、美国产的电脑、法国流行的时装。而中国的许多商品在国际市场上也大受欢迎，大到海尔的冰箱、联想的电脑，小到一瓶小小的"老干妈"、风油精。全球化正一步步改变着我们的日常生活。

提升思维能力

经济全球化推动了生产力的发展

甲国:每人的劳动生产率为,生产 800 千克粮食或生产 600 千克肉。乙国:每人的劳动生产率为,生产 1 000 千克粮食或生产 1 200 千克肉。问题:如果甲乙两国进行分工与贸易,双方应该如何充分发挥自己的比较优势呢?

这是一个很有趣的探究材料。甲国以肉换取乙国的粮食,600 千克肉按乙国劳动生产率只能换取 500 千克粮,比本国的 800 千克还少 300 千克,这是自虐行为。而以 800 千克粮向乙国换肉,按乙国劳动生产率可以换取 960 千克肉,比本国多出 360 千克。因此,甲国的粮食生产处于比较优势。乙国如果用粮食向甲国换肉,1 000 千克粮只能换 480 千克肉,明显低于本国的 1 200 千克。乙国用 1 200 千克肉可以向甲国换取 1 600 千克粮,比本国 1 000 千克多出 600 千克粮。所以,乙国肉的生产处于比较优势。在国际分工中,甲国应生产粮,并用粮向乙国换取肉,乙国应生产肉,并用肉向甲国换取粮。这样,甲乙两国不需要增加一个劳动力,通过贸易途径,甲国每个劳动者可以多出 360 千克肉,或乙国的每个劳动者可以多出 600 千克粮。由此,生成教材中的结论:"经济全球化推动了生产力的发展。它促进生产要素在全球范围内的流动、国际分工水平的提高以及国际贸易的迅速发展,从而推动世界范围内资源配置效率的提高。"

如果就此而论,这还是学科逻辑而非生活逻辑。甲乙两国的贸易谈判才是两国贸易的生活逻辑。于是,还应进一步思考:如果你是甲国的贸易谈判专家,800 千克粮从乙国最大限度能换回多少肉?按乙国的劳动生产率可以换回 960 千克肉,但乙国不会得到任何好处;按甲国劳动生产率只能换回 600 千克肉,甲国也没有得到好处,所以谈判的范围在大于 600 千克并小于 960 千克,谈得好,能换回一个中间数——780 千克左右的肉。这样,对甲国来说多了 180 千克肉;对于乙国来说,780 千克肉在国内只能换 650 千克粮,即多出 130 千克粮。这是双方平等互利的结果。

事实上,甲国与乙国的谈判地位并不平等。乙国的劳动生产率明显高于甲国,技术先进,甲国劳动生产率比较低,生产技术落后。对甲国来说,更愿意进行商品贸易,乙国在生产技术上占优势,许多国家都愿意与它合作,加强贸易往来,因此,在甲乙两国的贸易谈判中,乙国处于主导地位,甲国处于被支配地位。所以,甲国最后的谈判结果很可能低于780千克,或者附加其他的政治、经济条件。由此可见,经济全球化实质上是由发达资本主义国家主导的。

另外,经济全球化,使世界经济连在一起,从而加剧了经济风险。如果乙国出现了"疯牛病",而甲国在国际分工中只生产粮食,那么,甲国人民也就没有肉吃,肉价上涨,加剧了经济波动风险。

领悟人的尊严

共在先于存在

资源在全球范围内配置,突破一国狭隘的空间范围,寻找最有效率的地方,充分体现出人、财、物的应有价值,全球化既提高了生产要素的有效利用,促进了生产力的发展,又节约了生产要素的投入,节约资源,保护环境,促进可持续发展。世界分工协作,体现了人类的集体智慧,相互依存,共融共生。从哲学上看,共在先于存在。共生关系是自发生成的,个体只有在共在中才得以存在。通俗地说,就是中国的发展离不开世界,世界的发展也离不开中国。

A42
◎ 世界贸易组织的作用、基本原则 ◎

融入生活世界

中国加入世贸组织的艰难历程

中国与世界贸易组织(WTO)的渊源可追溯到半个世纪前。

1947年10月,当时的中国政府参与签署了"关税与贸易总协定"(GATT)。

1950年3月台湾当局宣布退出GATT,从此新中国一直被排斥在GATT之外。1986年7月新中国政府正式提出恢复在GATT缔约国地位的申请,1987年3月,GATT成立了中国工作组,负责审议中国的"复关"问题。在此后的9年中,中国的复关谈判历尽波折。

1995年11月,中国复关谈判转为加入WTO的谈判。

要"入世",关键是过美国这关。1999年4月朱总理访美,中美签订《中美农业合作协议》。

1999年5月8日,中国驻南使馆被以美国为首的北约的导弹袭击,中美关系急剧恶化,"入世"谈判再次搁浅。

9月亚太经合会议上,克林顿总统3次向江泽民主席表示希望中美双方立即开始"入世"谈判。27日,外经贸部长石广生率领中国代表团访美,结果无功而返。

1999年11月15日下午3时52分,中美关于中国加入世贸组织的谈判经过6天的几起几落,终于在最后一刻达成了协议。长达13年的漫漫"入世"路终于越过了最大的障碍。

2000年5月15日,中欧(欧盟)谈判成功,其中的艰难丝毫不亚于中美谈判。

2001年9月,中国与墨西哥结束了有关中国"入世"的双边谈判,完成了最后一份双边协议。

2001年9月,世贸组织中国工作组通过了中国加入世贸组织的法律文件。

2001年11月9日—13日,在卡塔尔首都多哈举行世贸组织第四次部长级会议,将对中国"入世"进行表决。

2001年12月11日正式成为世贸组织成员。

中国"入世"谈判经过十五年的艰难曲折的道路终于完成。

与美国谈判艰难,为什么不稍作让步,以求较快地达成协议呢?

WTO遵循非歧视原则,其中有最惠国待遇原则,如果对美国作出优惠、让步,就必须对WTO的其他成员国作出同样的优惠或让步,无须谈判,第三国直接享有这些优惠条件。因此,哪怕花费再多的时间,都要把美国这个"硬骨头"啃下来。

提升思维能力

中国加入世贸组织15年谈判谈的是什么?

世界贸易组织大楼

主要是对所有已加入世贸组织的成员国逐一谈判加入条件,最困难的是与发达国家特别是美欧等国家的谈判,他们的要价最高,条件最苛刻,因此我们对其让步也最大。中国"入世"谈判之所以打持久战,是与实力相对较弱有着密切关系的。任何时候,谈判桌上的结果都取决于谈判桌下的实力。

发展中国家最高可以保留15%的平均关税率,而中国在度过过渡期之后却必须将其平均关税率降到10%。世界贸易组织允许发展中国家对进口的农产品征收24%的关税,而中国却只能征收17%的农产品进口关税,对美国关注的农产品更是只征收14.5%的关税。WTO成员方15年内可以在针对中国的反倾销诉讼中继续把中国当成非市场经济国家,使用与此相应的特殊方法来衡量倾销情况,而正常的世界贸易组织成员方绝不会受其他成员方如此对待。在国际竞争舞台上,任何时候都要依靠竞争力(实力),谈判始终是辅助的手段,地位是不能靠谈判谈出来的,只能靠力量"打"出来。

让市场配置资源需要公平公正的市场秩序。在国内,市场秩序由政府主导并制定相关的法律法规、市场规则、市场道德规则;不仅如此,还要建立社会信用制度和失信惩戒制度,打破垄断,自由买卖。那么,国际市场谁来制定相关规则呢?是世界贸易组织。根据中国前外贸副部长龙永图所言,世贸组织,基本上就干三件事:第一是制定规则;第二是开放市场;第三是解决纠纷。

理论上讲,整个世界市场就像国内市场一样,所有资源都可以在市场上自由流进流出。但是,现实并非这么简单。如果所有资源都不设防,全部进行自由流通,则大部分资源都会往效率高的发达资本主义国家流入,发展中国家的民族工业将全部倒闭,人民靠什么吃饭?按世界分工,发展中国家只能做最低端的劳务、组装工作,发达国家买走你的能源资源,森林矿产、稀土,挖走你的高端人才,留下遍布垃圾、资源耗竭的贫瘠土地。所以,世贸组织有关于发展中国家的保护条款。

领悟人的尊严

积极利用世贸规则维权

中国商务部官网2015年8月8日发布消息称,8月7日,世贸组织争端解决机构公布了我诉欧盟紧固件反倾销措施案(案件编号DS397)执行之诉专家组报告,裁决欧盟执行世贸裁决的措施依然违反世贸规则,中方胜诉。

专家组报告裁定欧盟在国内产业界定、倾销幅度计算及替代国企业信息披露等核心问题上违反世贸规则,这意味着欧方在反倾销调查中对中方使用的替代国作法在很多方面是违反世贸规则的,欧方对此应做出根本改变。中方对裁决表示欢迎。

然而根据国内数家权威机构调查:我国企业领导人中90%以上对世贸组织了解不充分,对加入世贸没有充分的准备,我国企业面临国外的贸易诉讼几乎没有几个应诉的,不了解、不善于利用世贸规则争取自己应有的权利与利益。这其中的原因主要不是外因而是内因。我们应该形成一种"我要了解世贸"而不是"要我了解世贸"的机制,为此,我们的企业制度、体制还需要深化改革,使企业管理人员深层地了解世贸,在了解的基础上作各方面的准备。

为何中国的完全市场经济地位仍然不能得到承认呢?在国际贸易中,不断有国家对中国出口商品发起反倾销诉讼,而我们由于没有得到完全市场经济地位的承认,在诉讼中处于十分不利的地位,频频败北,被征收惩罚性关税。

针对以上问题,2012年,中共十八届三中全会上《中共中央关于全面深化改革若干重大问题的决定》指出经济体制改革是全面深化改革的重点,核心问题是处理好政府和市场的关系,使市场在资源配置中起决定性作用并更好地发挥政府作用。市场决定资源配置是市场经济的一般规律,健全社会主义市场经济体制必须遵循这条规律,着力解决市场体系不完善、政府干预过多和监管不到位问题。

B43
全面提高开放型经济水平

融入生活世界

"一带一路"战略

"一带一路"战略规划分别指的是丝绸之路经济带和 21 世纪海上丝绸之路。"一带一路"的版图有多大？一带，指的是"丝绸之路经济带"，是在陆地。它有三个走向，从中国出发，一是经中亚、俄罗斯到达欧洲；二是经中亚、西亚至波斯湾、地中海；三是中国到东南亚、南亚、印度洋。"一路"，指的是"21 世纪海上丝绸之路"，重点方向是两条，一是从中国沿海港口过南海到印度洋，延伸至欧洲；二是从中国沿海港口过南海到南太平洋。初步估算，"一带一路"沿线总人口约 44 亿，经济总量约 21 万亿美元，分别约占全球经济总量的 63％和 29％。"一带一路"战略规划作为中国首倡、高层推动的国家战略，对我国现代化建设和屹立于世界的领导地位具有深远的战略意义。"一带一路"战略规划构想的提出，契合沿线国家的共同需求，为沿线国家优势互补、开放发展开启了新的机遇之窗，是国际合作的新平台。"一带一路"战略在平等的文化认同框架下谈合作，是国家的战略性决策，体现的是和平、交流、理解、包容、合作、共赢的精神。

海外布局有两条线,一是在"一带一路"相关国家和地区当中,有长远需要但缺乏当期效益的项目,要由政府主导;二是能产生当期经济效益,应该充分市场化。"一带一路"国家中有不少是缺电的,电网不完整。中国电力产业走出去,应该由国家搭台整合产能,实现整个电力产业一体化,整装编队走出去,才可能体现我们的产业优势。

经济全球化就是让生产要素在全球范围内配置,提高资源的利用效率。这里有几个问题:其一,是被动等待还是主动出击?其二,生产要素走到哪里去,如何拓展对外开放的空间?其三,哪些国家愿意与你合作?我国"一带一路"战略在国家层面上回答了上述问题。"一带一路"战略规划作为中国首倡、高层推动的国家战略,体现了我们更加积极主动的开放战略。

提升思维能力

怎样走出去?

什么要素要走出去?

劳动力密集型产品在国际市场上具有非常强的竞争优势。20年前,谁敢相信中国造的电视机会有今天的水平?现在中国生产的电视机已经向北美出口了。海尔跑到美国去生产电冰箱,节节取胜。家电产品、轻工产品和一般机械产品等,"中国制造"都表现出非凡的竞争能力,市场份额逐年扩大。加入WTO之后,中国产品将取得更大的发展空间,同时中国各个行业也将直接面对挑战。中国大多数的产业部门具有相当强的比较优势,加入WTO之后可能会得到很快的发展。

走出去的方式有哪些?

中国雄厚的外汇储备、对能源矿产资源的高度需求、中国公司对海外市场的渴望等因素,都推动着中国海外扩张的步伐。通过对外直接投资和承揽工程项目,中国已经积累了极为庞大的海外利益。对外直接投资表现为中国企业入股外国的公司或者在当地设立新的企业。海外工程投资项目主要是中国企业海外承揽大型的基建项目,例如公路、铁路和水电建设等。在这方面中国是行家里手。

尼加拉瓜大运河项目分割美洲。2013年6月24日，总部设在香港的一家中国公司——香港尼加拉瓜运河开发投资有限公司，与尼加拉瓜政府正式签署协议，承包尼加拉瓜大运河设计、建设项目，并营运50年，预计投资金额高达400亿美元。尼加拉瓜大运河是连接太平洋和大西洋的洋际通道。在充分进行了可行性研究之后，预计中国铁路建设总公司也将在这条运河的建设中发挥主导作用。

尼加拉瓜跨洋运河项目开工仪式现场

全面提高开放型经济水平。① 要加快转变对外经济发展方式，朝着优化结构、拓展深度、提高效益方向转变，着力培育开放型经济发展新优势，形成以技术、品牌、质量、服务为核心的出口竞争优势；② 促进"引进来"和"走出去"更好结合，实施"走出去"战略，到境外办厂、对外承包工程、劳务输出、与其他国家进行经济技术合作；③ 必须始终坚持独立自主、自力更生的原则。

领悟人的尊严

走出去的过程中遭遇的困难怎么解决？

澳大利亚禁止华为投标宽带网项目（2012-03-28）

澳大利亚政府以担心来自中国的网络攻击为由，禁止华为技术有限公司对价值数十亿澳元的全国宽带网设备项目进行投标。澳方禁止华为投标的理由很牵强，主要是华为的总裁任正非曾是中国人民解放军的军人，并且他从不接受媒体采访。澳方同时认为华为与中国政府有关联。

华为正在通过各种渠道公开据理力争，但澳大利亚司法部长尼可拉·罗克松对这一决定持强硬立场。澳大利亚司法部副秘书托尼·西汉2011年年底就召见华为澳大利亚公司董事长、退休海军少将约翰·洛德，通知他不要在寻求投标宽带网供货项目上自扰,因为他们即使投标也不会成功。澳大利亚官方甚至提醒华为,堪培拉发现了来自中国的网络袭击。

尽管澳大利亚政府26日宣布禁止华为参与澳大利亚国家宽带网络合同竞标,但是新西兰总理John Key仍然支持中国最大海外电讯公司在新西兰的国家宽带(超高速光纤网络Ultrafast Fibre Broadband)建设项目,并表示政府会尽一切能力保护新西兰商业与个人用户的利益,他对此前与华为签订的合约表示满意。

华为在周一的声明中称:"对于目前澳洲政府的决定深表遗憾,华为仍将继续以开放透明的态度,为网络安全提供保障。华为正在在包括英国、新西兰、新加坡和马来西亚在内的其他国家建设国家宽带网络项目。"

应对措施:

中国商务部:针对澳大利亚政府以安全为由拒绝华为公司参加澳全国宽带网设备项目投标一事,商务部新闻发言人沈丹阳表示,澳方这一做法有失公正,中方对此深表关切。沈丹阳还表示,华为澳大利亚公司近90%的员工是澳籍员工,在澳开展业务近十年来,并无不良记录。澳方不应在没有事实依据的情况下,以所谓的安全理由排斥企业参与正当竞争。

华为:华为澳大利亚公司主席约翰说,澳政府以"危害国家安全"为由禁止华为竞标,"纯属胡说八道"。同日,华为公司向媒体发表一份声明,对澳方决定表示遗憾,华为仍然希望在澳全国宽带网项目中发挥作用,但这最终取决于澳政府和全国宽带网公司的决定。

华为在不断成长,并且积极应对困难,据理力争,同时也在改变自己的策略,比如,即使不能直接参与网络建设,但是可以与澳主要电信运营商合作。同时也要注意把握市场信息,比如,虽然在澳大利亚受阻,但华为仍获得了新西兰建设国家宽带网络的项目。

2014年我国进口的农产品贸易额达到1 100多亿美元

2014年我国进口了大约1 400万吨粮食,这个量在世界贸易市场引起了很大反响。但这个数量只占我国谷物生产总量的不到3%,现在我国的谷物生产自给率是97%,我们粮食安全的底线是自给率95%。

(2015—3—25 中商情报网)

国外的大豆、玉米、小麦、大米、食用油、棉花等,价格低廉,但进口数量只占我国粮食生产总量的不到3%,我们为什么不大量进口?

如果我国大量进口,则世界粮食供求关系会发生质的变化,粮价会大幅上涨。哪一个国家能出口粮食保证十三亿中国人的吃饭问题,整个世界也没法解决。因此,我国粮食安全必须依靠自身,不可依赖国外。独立自主、自力更生不是闭关自守,不是盲目排外,而是在立足自身发展的基础上实行对外开放。

◎ 后 记 ◎

现在大家都在热议学科核心素养,这意味着我们过去的教学方式与学习方式并没有形成学生的学科核心素养。解决之道有两条:第一,我们假定一种核心素养,然后拼命地去实现它,若能达到假定目标的60%就算是理想的了;第二,我们改变原有的教学方式与学习方式,从而获得原先教学方式所无法得到的学科素养。知识的"三维"深度学习,试图改变学生因死记硬背与题海战术而导致的演绎知识能力的缺乏,转而通过多维视角,用心感受知识的精神文化内涵,获得原先无法得到的学科素养。

《经济生活》的"三维"深度学习这一课题,我思考得比较成熟。2013年9月,我担任高一六个班的政治科教学工作。高中政治我已经教了十多年,可谓经验丰富,加上博士论文写作的思考,学期一开始我就想做些教学改革。渐渐地,我找到了着力点,即深挖知识点的育人维度!针对《经济生活》中的社会主义义利观的教育,我将知识点的育人价值划分为三个维度,即融入生活世界、提升思维能力、领悟人的尊严。我的认真钻研换来了丰厚的回报,学生对政治课的热情高涨,我赶紧对教案不断修改、完善,因为一个教案用到第六遍的时候,教案已基本完善,有的课甚至非常精彩。我将自己的教改经验写成论文,论文连续在全国中文核心期刊《思想政治课教学》理论视野栏目作为期刊首篇刊登,分别是 2004 年第 10 期的《价值引导的界定、发现与实施》与 2015 年第 1 期的《学生生活的道德扩展》。此外,还有中文核心期刊《当代教育科学》2015 年第 4 期《课程知识的可能价值》、2015 年第 17 期《知识的三维深度教学》。2014 年我担任高二四个班的政治小高考课程教学,因博士论文撰写时间紧,没有对原有教学进行深化。2015 年我继续担任四个班的政治小高考课程教学,就在 2015 年 12 月,我开始了《经济生活》的小高考复习,我抓住这个难得的机会,将 2013 年的具体做法总结出来,在一个月的时间内,完成了本书初稿。

我对高中政治的研究起步较晚,原初也不很喜欢,是因为学生,我才渐渐地发现了它的价值,我非常感激我的学生。在这里我想把他们的班级说一下,他们是 2013 级高一(1)、(2)、(3)、(6)、(9)、(12)班。思想的东西,不是靠说理能解决的,理性推理、逻辑论证都不能解决思想品德问题。这就是休谟发现的"理论的'是'推导不出道德的'应该'"。即使你把道理讲得头头是道,行动上仍然会选择"不应该"做的事。所以,思想品德教育不仅需要说理,用脑、用逻辑理性论证,更需要用心,用心灵去感悟。在我的课堂上,我努力将知识讲到学生的心里去。这六个班的学生今年都已毕业了,在他们离开校园之际,许多学生向我表达了他们对高一政治课的怀念,想重温一节高一政治课。于是,我萌生了将自己的教学案拿去出版的想法。

这本小书能得以出版,我首先要感激南师大出版社的姜爱萍总编,没有她的鼎力支持,小书能得以出版是难以想象的;还要感谢刘自然编辑和张岳全编辑的辛勤劳动,他们的文字功夫与专业知识让小书增色不少,同时,他们也让我深切地感受到,一本小书从初稿到出版要付出多少艰辛的脑力劳作啊!

于世华

2016 年 7 月 12 日